Erlebter Garten

Vornehme Marienglockenblumen gedeihen im Garten.

Mit ein paar kleinen Buchgeschenken einschließlich einem E-Book-Reader zu einem bereits hohen Geburtstag wollte ich mich nun zum entspannenden Lesen zurückziehen. Doch es kam anders. Ich bekam den Anstoß, jetzt selbst meine Gartenerfahrungen aufzuschreiben.

Guth, Gerhard, Jahrgang 1936, Volksschule, einklassige! Im weiteren Leben hin und wieder etwas dazu gelernt. Funkverbindungen, sowohl für den Broterwerb wie auch als Hobby mit noch vorsintflutlichen Geräten betrieben. Im Laufe der Jahre dann von der Röhre zum Transistor etwas moderner geworden. Männer unterwiesen, wann beim Hinlegen der Karabiner von der rechten in die linke Hand zu übergeben ist, wie Nachrichten zu verschlüsseln und mittels Morsetaste zu übermitteln sind.

Die Schusterjungen und Hurenkinder sind mir schon begegnet und nun soll ich mich auch noch mit Schmutztitel und Frontispiz auseinandersetzen.

Bei Wind und Wetter stets den Drang nach draußen gehabt.

Fotos: Die Minolta wurde für die Schweizer Berge gekauft. Sie ist dort so viele Stunden um den Hals hängend getragen worden, dass die Ösen am Gerät schließlich durchgescheuert waren. Die Gartenfotos sind mehr oder weniger zufällig entstanden.

Sofern ein Leser über Frontispiz, Büdner oder ähnliche nicht so gebräuchliche Wörter stolpert, erklärt eine Eingabe in einen Browser und ein Klick alles besser, als ich das zustande bringen würde.

Gerhard Guth

Erlebter Garten

Motto: Jeden Tag ´raus

Von Pflanzen, Tieren und Menschen

Lektorat:
Friederike Hellmann
Christoph Hupfeld
und andere

Im Garten der Natur leuchten Ende August die Silberdisteln.

Bibliografische Information der Deutschen Nationalbibliothek: Die Deutsche Nationalbibliothek verzeichnet diese Publikation in der Deutschen Nationalbibliografie; detaillierte bibliografische Daten sind im Internet über dnb.dnb.de abrufbar.

Herstellung und Verlag: BoD – Books on Demand, Norderstedt

ISBN 978-3-7481-3439-8

Inhaltsverzeichnis

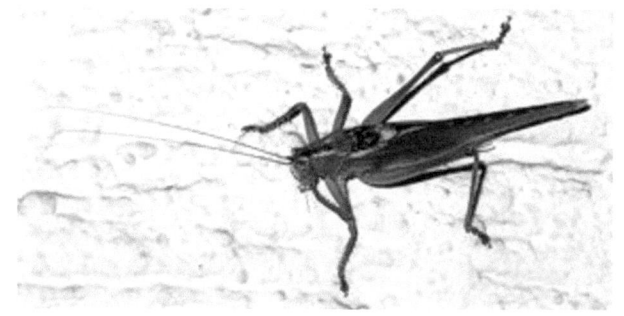

Immer `raus!

Situationsreport
Datum: Ende August, das Jahr spielt keine Rolle.
Ort: Berner Oberland – leider nicht mehr; Allgäu: gerade gewesen; zur Zeit: Badische Bergstraße; Ende September: Vinschgau – hoffentlich.

Im Garten: Der Rasen fast kniehoch. Das Salatbeet bereits erneut völlig zugewachsen. Unter den Beerensträuchern wuchert das Unkraut. Die Bohnen sind abgeerntet. Die Sträucher bleiben vorerst stehen in der Hoffnung, dass sie das Unkraut im Zaum halten. Die Kürbispflanzen haben bereits links das abgeerntete Zwiebelbeet und rechts die da noch stehenden Kohlstrünke überwuchert. Die Kartoffelstauden sind durch das wuchernde Unkraut gerade noch zu erkennen. Sie werden nach und nach ausgegabelt. Bevor sie eingelagert werden ist erst die Miete gebrauchsfertig zu machen. Sie ist Unkraut überwuchert, wird von Schnecken geliebt, und der Maulwurf wollte unbedingt durch den Maschendraht hinein. Sie ist zu fast einem Viertel mit Sand befüllt. 40 Gläser Gurken sind eingekocht. Köstliche Tomaten werden zu Salat und Püree verarbeitet. Die Zwetschgen bekommen Farbe. Weintrauben für Gelee können in den nächsten Tagen geerntet werden. Dahlien und Sonnenblumen beherrschen den Garten. Die Anfang August reifenden Brombeeren können, sofern der Gärtner weiterhin Glück hat, geerntet werden.

Statt dem festen Vorsatz, heute zuerst die Liege unter dem Kirschbaum aufzustellen, zweieinhalb Stunden den Kampf gegen die Wildkräuter fortgesetzt.

Zum zigsten Geburtstag gab es einen E-Book-Reader, zwei Bücher, von Gartenliebhabern geschrieben, und kein Buch über Berge. Etwas über Berge wäre auch nicht notwendig gewesen, da ich auf allen Bergen war. Eine leicht zu durchschauende Falschaussage! Ich war weder auf dem Fudschi, noch auf dem Kilimandscharo, nicht auf der Jungfrau und selbst den Ortler habe ich verpasst, weil ich da die Gelegenheit nicht ergriffen habe. Als dieses Ereignis da in Sotschi war hätte ich mir, wäre ich Bundeskanzler gewesen, zumindest den Elbrus angesehen. Einen Blick auf den Mont Blanc haben wir von gegenüber, vom Mont Brevent, geworfen. Sehr bequem mit der Seilbahn. Doch tags zuvor waren wir mehr als sechs Stunden am Berg. Ferner ist die Reise vom Thuner See durch den Lötschberg, das Rhonetal hinunter über Martigny nach Chamonix recht aufwendig. Den Berg der Berge, das Matterhorn, haben wir mehrfach ganz aus der Nähe bestaunt. Vom Schwarzsee über Zermatt zur Hörnlihütte gibt es einen wunderschönen Wanderweg. Um die Drei Zinnen sind wir marschiert und das berühmteste Bergpanorama der Welt, Eiger, Mönch und Jungfrau, haben wir sehr oft von gegenüber bestaunt. Im Klartext: Im Urlaub oft vor Sonnenaufgang draußen gewesen.

Das, was mit einem E-Book-Reader alles auf einen zukommt, kann ich hier gar nicht abhandeln. Gibt es auch eine deutsche Bezeichnung für dieses Gerät? Da brauche ich Page Flip gar nicht zu schreiben: *„Die Smart-Lookup-Funktion kombiniert ein vollständiges Wörterbuch mit X-Ray, Wikipedia, Word Wise und dem Bing Translator, sodass Sie Zugriff auf Definitionen, Personen, Orte und vieles mehr haben, ohne Ihre Seite verlassen zu müssen."* Die Seite nicht, aber die Seele könnte einen beim Studium dieser Bedienungsanleitung verlassen. Bemerkenswert: Es gab im Internet 26 E-Books für 99 Cent. Während ich noch völlig desorientiert war über Rechnung und Bezahlung, waren diese 99 Cent bereits abgebucht. Wahrscheinlich, während ich in meinem Garten die Tomaten angebunden habe. Für die Bedienung eines solchen Gerätes und die Vermittlung von etwas Hintergrundwissen wäre der Operator früher drei Monate auf einen Lehrgang kommandiert worden. Der Kontrast: Dieses Hightech-Gerät kann die bunten Gartenbilder lediglich in Graustufen anzeigen.

Die beiden Bücher über Gärten und Gärtner habe ich gelesen. Doch ist da nicht sehr viel hängen geblieben. Einmal waren es die Funkien. Funki-, Herbi-, Pestizide? Damit konnte es nichts zu tun haben. „funghi" kannte ich auch noch. Das konnte es nicht sein. Auch Word underlined das Wort Funkien gleich rot. Warum gibt es in einem Gartenbuch keine Bilder?

Doch das Netz klärte schnell auf, präsentierte diese Pflanzen gleich in voller Pracht.

Aus dem zweiten Büchlein ist mir lediglich der Kampf mit dem Klei in Erinnerung geblieben. Was gab es in diesem Garten eigentlich? Immerhin habe ich beschlossen, diese Lektüren noch einmal von vorne zu beginnen. Also genauer:
-„Die Tage des Gärtners", Jakob Augstein und
-„Die grüne Hölle", Maarten `T Hart.

Alles gleich wieder vergessen! Da nahm ich mir vor, aufzuschreiben, was mir mit Garten alles so einmal begegnet ist. „Vom Glück, im Freien zu sein" ist die Unterüberschrift im Augsteingartenbuch. Nur einen Tag von Wind und Regen in der Stube festgehalten, vermisse ich dieses „Glück" gleich heftig. Hin und wieder sind hier an der Bergstraße Wanderer anzutreffen, die gleichempfinden: „Ich muss jeden Tag `raus." In der Woche begegnen Sie allerdings im Odenwald kaum Menschen. Und selbst an Sonntagen sind die Wanderer arg selten. Eine Rhein/Main-Metropole fast ohne Menschen?

So brauchen wohl nur wenige dieses Glück, im Freien zu sein? Und längst nicht jeder ist glücklich, wenn er plötzlich im Freien ist. Die gewohnte Zivilisation ist weg! Auf einem großen Bauernhof war der neue Gefechtsstand aufgebaut worden. Alles hatte gut geklappt. Doch der sonst so ausgeglichene Kommandeur und Oberstleutnant, angehender Generalstabsoffizier, war unruhig. Keine Meldung über Ausfälle, schon gar keine Unfälle. Die geplanten Fernmeldeverbindungen kamen nach und nach zu Stande. Und auch der Feind war nach aktueller Lage noch weit. Warum diese Nervosität? Dann, ein vorbeieilender Gefreite wurde heranzitiert: „Holen sie mir den Hauptfeldwebel!" Als der Hauptfeldwebel erschien, wurde schnell klar, der Herr Oberstleutnant hatte Harndrang! Doch es wurde dem Hauptfeldwebel so akademisch mitgeteilt, dass der seinen Kommandeur irritiert und respektvoll schweigend ansah. Weitere Umschreibungen kamen, bis sich das Gesicht des Hauptfeldwebels aufhellte. Er legte los: Zunächst ist da drüben eine große Miste. Weiter hinten auf dem Grundstück gibt es einen großen Komposthaufen, die Kuhstalltüren sind von beiden Seiten offen, an der Scheunenseite steht noch so ein altes Herzhäuschen –noch benutzbar und sehr sauber- und außerdem habe ich selbstverständlich die Bauernfamilie gefragt, ob wir die Toilette im Haus benutzen dürfen. Die Soldaten habe ich bereits belehrt, wenn …" Da wurde er gestoppt. Mit soviel Informationen über eine so ungewohnte Umgebung hat ein angehender Generalstabsoffizier in seiner unangenehmen Notlage erst einmal fertig zu werden. Doch der Hauptfeldwebel gab noch einen Tipp, wo jetzt bei einbrechender Dunkelheit der günstigste Ort wäre.

Und wie ist das jetzt mit dem „gemischten" Panzergrenadierbataillon, das im Wald seinen Bereitstellungsraum bezogen hat? Gemischte Donnerbalken? Getrennte öffentliche oder verdeckte Latrinen? Sind sie zu bewachen? Sagt die Wachanweisung etwas über die Geschlechter der Wachposten aus? Vielleicht findet der Krieg jetzt ja

auch nur noch dadrinnen statt. Schnell ist bei diesen Erinnerungen und Überlegungen der Garten aus dem Visier.

Arg verstädtert! Die Tochter war mit holländischen Buben mehr als sechs Stunden über die Berner Alpen gegangen, da, wo es nur noch Steine gab. „Wo hätte ich da hingehen sollen?", hat sie mich sehr vorwurfsvoll gefragt. Da war ich fast ein wenig schuldbewusst.

Auch im Garten gibt es diese Fragen. „Wo kann ich einmal?" „Hinter der Gartentür kannst du dich hinhocken", sagt der Opa. „Opa! Wenn ich nackt bin, mache ich doch im Stehen!", werde ich belehrt. Paradiesischer Garten! Da ist die Welt noch für eine kurze Zeitspanne in Ordnung.

Dann umgekehrt! Für den, der stets draußen ist, hat der dann auch Glück, wenn er einmal nach drinnen kommt? Die Mähmaschine war über den Feldhasen gesaust. Geduckt, geschockt in der Mulde hatte ihn der Bauernbub ergriffen. Der Vater sagte sofort: „Lass ihn laufen. Der hält sich nicht!" Als Tier, das Bewegungsfreiheit braucht, wurde er nicht in einem Kaninchenstall 80 cm x 80 cm eingesperrt, sondern kam in eine Schweinebox, früher für zwei Schweine, noch fast drei Meter mal drei Meter. „Geh nicht in den Stall!", hieß es gleich, „der muss sich erst beruhigen." Der Hase rannte in der Nacht von Mauer zu Mauer, bis er tot war.

Werden meine Tomaten von der Fensterbank im Mai nach draußen gebracht, sind sie auch erst einmal geschockt. So wende ich mich jetzt erst gleich den Nutz- und Zierpflanzen, den Büschen und Bäumen im Garten zu. Und als Hobbygärtner will ich hier kein angelerntes Wissen von mir geben, sondern lediglich „das Glück, etwas für Gartenarbeit übrig zu haben", beschreiben.

Diese zwei kommen jeden Sommer, um das Unkraut in meinen Beeten zu „bekämpfen" (Gärtnerlatein).

Bild 03: Gartenhelfer

Für die Getreidefelder gab es, da das Getreide in dichten Reihen gesät wird, extra schmale Hacken. Viele Leute hatten Stunden, Tage da zu werkeln. Hin und wieder wuchsen Disteln groß wie Sträucher in den Feldern. Getreidegarben mit Disteln gespickt ließen die Frauen auf der Dreschmaschine, die sie aufzuschneiden und einzustreuen hatten, mächtig schimpfen.

Der erste Garten

Zu unserem Garten, dem Garten der Großeltern, waren es 45 Minuten zu laufen. Vor allem gab es dort Johannis- und Stachelbeeren, einen großen Mirabellenbaum, den zu meiner Zeit die Wühlmäuse in Angriff genommen hatten. Mit Wasser wurden sie bekämpft, also versucht, sie zu vertreiben. Zwei Apfelbäume, ein paar Himbeersträucher. Oben ein verwildertes Stück in dem wohl einmal Hühner gehalten worden waren. Manchmal Tomaten und eine große mit Teerpappe verkleidete Gartenhütte, die zum Übernachten geeignet war. Ein alter Handwagen und ein mittlerer Gartenweg von vielleicht 100 Metern Länge am unteren Ende mit einem Rondell war zum Befahren gut geeignet. Der Garten war also weit außerhalb gelegen. Zurück in die Stadt am späten Nachmittag wurde stets überlegt, laufen oder die Straßenbahn nehmen? Hinauf zur Haltestelle (Die Bahn kam von der Hessenschanze, oder war es die Prinzenquelle am Rande des Habichtswaldes?) waren es auch bereits fast 20 Minuten und dann das Wichtigste, sie kostete ja 10 Pfennig. Für die Tante und mich also bereits zwanzig. Und mitunter klang es durch, dass die Mutter mich da ja ohne Geld abgegeben hatte.

In bleibender Erinnerung sind die milden Maiabende mit Maikäfern ohne Ende. Dazu Glühwürmchen, die ich bis heute nie mehr irgendwo gesehen habe. Die Maikäfer konnten aus der Luft geschlagen werden und wurden nebenan den Hühnern vorgeworfen. Die Hühner sollten mit Maikäfern nur begrenzt gefüttert werden, da die Eier sonst bitter schmecken würden.

Im Herbst 1944 war am Garteneingang ein riesiger Bombentrichter und die eiserne Gartentür einschließlich Zaun waren verschwunden.

Und bei einem dieser Bombenangriffe, da kann ich das Wort Glück leicht gebrauchen, hatten wir tatsächlich Glück. Nach Entwarnung haben wir den Hochbunker verlassen und waren kaum ein paar Querstraßen weiter da schlugen in der Nähe die ersten Bomben ein. „Da hinein, da hinein", rief ich. „Das Haus ist zu klein", rief die Tante, eilte über die Straße mich mitzerrend und schon saßen wir im Nachbarhaus unter lauter verängstigten Menschen im Keller. Ein paar Mal schlugen die Bomben in nächster Nähe ein. Der gepflasterte Kellerfußboden schlug Wellen. Dann Ruhe, also raus. Das Haus gegenüber gab es nicht mehr. Glück? Noch einmal davongekommen!

Gegenüber dem Haus, in dem wir wohnten, brannte dann das viergeschossige Eckhaus. Da haben wir schon wieder Glück gehabt. Solch ein Glück auf Kosten der Nachbarn will man bestimmt nicht. Über das Glück ließe sich dann sicher noch mehr schreiben als über Gärten.

Für den Transport von Sachen zum und vom Garten gab es lediglich eine braune Aktentasche. Das heißt, hin war sie ohnehin leer, was sollte da schon mitgenommen werden. Fast eine Stunde Hinweg, etwa drei Stunden im Garten und eine Stunde zurück, da wurde weder etwas zu Essen noch etwas zu Trinken gebraucht. Mineralwasser in Flaschen gab es wohl noch nicht und außerdem hatte der Garten ja bereits einen Wasseranschluss bekommen.

Dass die Stadt da „Wasser" gelegt hatte, war bereits ein schlechtes Zeichen: „Die wollen Bauland daraus machen." Zu zahlen war da dann auch gleich dafür. Erben wollten das Grundstück fünf Geschwister, doch das Bezahlen blieb an der Tante hängen. Ob es da im Garten einmal ein Butterbrot gegeben hat, wenn, dann ein Butterbrot im eigentlichen Sinne, lediglich mit Butter geschmiert und Zucker bestreut, kann ich mich nicht erinnern. Aber ich glaube eher, in der Zeit brauchte man noch nicht jeden Tag etwas zu essen! Es gab ja auch noch keine Autos: „Kein Auto in der großen Stadt Kassel." Eine Milchhandlung gab es gleich unten im Nebenhaus. Die Ware wurde da jeden Morgen von Pferd und Wagen angeliefert. Waren die Pferdehufe und das Geräusch der eisernen Reifen verklungen wurde ich hinuntergeschickt, um mit der Kanne Milch zu holen.

Auf dem Rückweg vom Garten war die Aktentasche, oft prall gefüllt mit Gartenprodukten, nicht völlig zu verschließen und dann ganz unangenehm zu schleppen. „Hätten wir doch die Straßenbahn genommen", war dann zu hören.

Gleich nach dem Krieg ist die Tasche dann auch, schon ein wenig ramponiert, als Reisetasche verwandt worden. Von Kassel zum Hohen Meißner - dort wurde nur sparsam mit Holz geheizt - wurden darinnen nebst den Reiseutensilien auch vier Briketts transportiert. Man will ja nicht frieren, wenn man da einmal zu Besuch ist! In Kassel zum Bahnhof Wilhelmshöhe oder gar nach Bettenhausen, in Albungen an der Werra zum Bus und vom Bus noch fast eine Stunde ins Nachbardorf, da haben vier Briketts schon ein Gewicht. Doch auch

7

hier hatte die Tante Glück. Die Tasche wurde ihr ein ganzes Stück getragen. „Hat der doch gesagt", meinte sie dann bei uns angekommen, „die Tasche wäre so schwer, als wären da Briketts darinnen. Ich habe aber nichts dazu gesagt."

Heute ist der seinerzeit herrliche Garten der Großeltern längst verschwunden. Die Grundstücke wurden umgelegt. Wie das bei solchen Angelegenheiten war und wohl heute auch noch ist, die alten Eigentümer fühlten sich da ziemlich übervorteilt: „Bei der Stadt sollte es Leute geben, die scharf auf diese Grundstücke waren." Das ganze Gebiet war bald rundherum zugebaut. Kassel hatte sich vergrößert.

Es gab zu dieser Zeit auch keine Fernsehgeräte. Um informiert zu sein, schaute die gute Tante - oft hatte sie mich in Garten und Bunker mitgezerrt - aus dem Fenster. In so einem Eckhaus, vier Stockwerke, konnte schon erkannt werden, was die Nachbarn so trieben. Dann, etwas makaber fast, hatte sie sich eines Tages zu weit aus dem Fenster gelehnt. Sie wohnte in einem dieser hohen alten Häusern im dritten Stock. Das ganze Kasseler Bombeninferno hatte sie schadlos überstanden.

Und zum Wort Bunker und der Neugier der Tante gibt es jetzt noch eine Erinnerung. Nach einem Bombenangriff war der Hauswart des Notbunkers verschwunden. Bei jeder neuen Nacht im Bunker war das dann Thema: „Wo ist er geblieben?" In den Gärten hinter den Häusern sollte ein Verschlag sein, in dem welche liegen, hieß es. Nach Entwarnung, war es aber immerhin noch möglich, dass eine Rotte Nachzügler noch ein paar Bomben abwerfen wollte, da musste die Tante hin. Sie musste den Toten im Stroh dort aufdecken. Doch es war „nur" ein Ausländer. Der Bunkerwart, stellte sich nach Aufräumarbeiten ein paar Tage später heraus, hatte an der Außenmauer des Behelfsbunkers gestanden, als dort eine Bombe einschlug.

Den riesigen Verschiebebahnhof sozusagen gleich nebenan hatten sie nicht bombardiert. Sie haben ihre Bomben mehrheitlich über Frauen und Kindern abgeladen. Was haben die sich davon versprochen?

Viele Sonnenblumen schmücken jedes Jahr meinen Garten.

Bild 04: Bleibt der Gärtner nicht am Ball entsteht, hier die grüne Hölle.

Der Blick in die anderen Gärten - Die Gärten auf dem Dorf vor vielen Jahren

Jeder im Dorf hatte einen Garten. Woher ich das als Kasseläner weiß? Evakuiert waren wir auf ein kleines Dorf am Hohen Meißner. Berge tragen stets den Zusatz „hoch", wenn sie nicht ganz so hoch sind wie viele andere darum herum. Nun, die Rhön ist hier aber auch schon ein ganzes Stück weg. Ganz akurate Nutzgärten hatten die Bauersleute. Salat, Gurken und Tomaten, Weiß- und Rotkraut, Rote Beete, Tomaten, Schnittlauch, Zwiebeln wurden da angebaut. Stets habe ich das Tomatenbrot zum Erstaunen der Bauersleute dem Wurstenbrot vorgezogen. Gleich, ob Sülze, Blutwurst, Garwurst oder gar die fast berühmte hessische „Alte Wurst" auf dem Tisch stand.

Der Nutzgarten war natürlich vorn an der Straße. Er war fast so etwas wie ein Aushängeschild des Bauernhofes. Kein Unkräutchen wurde hier geduldet. Alle Beete und alle Reihen waren ganz genau ausgerichtet. Da blieb kein Blatt vom geernteten Salatkopf liegen. Hinter der Scheune gab es Äpfel, Birnen und Zwetschgen. Der alte Bauer saß dann vor dem Backtag am Freitag stundenlang in der Scheune und hat die Birnen geschält. Sie kamen nach dem Backen in den noch sehr warmen Backofen. Als Hozeln kamen sie heraus. Es gab dann sogar eine Art Hozelsuppe, genannt Saure Brühe. Die Saure Brühe enthielt, soweit ich mich erinnere, Herz und Nieren, geschnetzelt, sowie Kartoffeln. Das war keine Vorsuppe, sondern ein Mittaggericht, das alle satt zu machen hatte.

Eine Reihe Möhren wurde stets im offenen Feld meist bei den Futterrüben gesät. Im Herbst gab es dann zwei große Drahtkörbe voll prächtiger Möhren. Völlig unproblematisch. Zu meinen Möhren komme ich noch.

Wer hat je „Mein Kampf" und einen Fotoapparat in einem Bauerngarten vergraben? Als Freunde waren die Amerikaner einmarschiert. Völlig unbekannte Bonbons verteilten sie an die Dorfkinder. Marshmallows gab es. Doch dann das Gerücht: Sie machen Hausdurchsuchungen. Wohin mit einem Buch an dem sie vielleicht Anstoß nehmen könnten und dem einzigen Wertgegenstand, den meine Mutter besaß?

Der große Bratentopf musste herhalten. Da passte das Buch „Mein Kampf", der zusammenklappbare Fotoapparat und ein Bild vom Vater (in Rumänien vermisst) in Uniform mit einer auffälligen Hakenkreuzbinde am Arm, hinein. Er wurden im Garten hinter dem Backhaus eingegraben. Doch die Bauersfrau (Mann wohl über Kreta abgeschossen), bei der wir zwangseinquartiert waren, war beunruhigt. „Wenn sie das bei uns finden?"

Immerhin, der Sohn hat nach 60 Jahren gesagt: „Das ihr da wart, war eigentlich eine Bereicherung für unser Dorf."

Der Fotoapparat wurde dann noch, wie es seinerzeit hieß, versetzt, getauscht für ein Kleidungsstück für uns Kinder.

Ein eigenes Stück Garten hatten wir außerhalb des Dorfes. Von der Gemeinde hatten die so zwangsweise im Dorf Einquartierten - Sudetendeutsche wurden nach dem Krieg auf Lastwagen noch angefahren - ein Stück Land bekommen. Das was sonst keiner haben wollte, wurde gleich gemunkelt. Doch eine so kleine Gemeinde hatte keine große Auswahl. Es war schwerer Lehmboden. Bei Trockenheit knochenhart. Bei Nässe klebte er am Werkzeug. Die Schuhe bekamen weitere Sohlen. Als dann die amerikanischen Panzer dadurch gerollt waren - die Straße von Dorf zu Dorf war kaum einspurig, das Feld nebenan musste als Fahrspur mit herhalten - war von Hand nichts mehr zu machen. Der Lehmboden war nun noch mit Tonerde vermischt und wurde knochenhart. Es blieb unten ein Fleckchen für die Kräuter und ein Bohnenbeet.

Und heute, so etwa nach 2010, bin ich am Hohen Meisner durch das Nachbardorf gegangen: In den Gärten gibt es nicht einmal mehr Blumen, geschweige denn Stachelbeer- oder Johannisbeersträucher. Gras, nichts als Gras. Vor den Häusern noch gepflegt, hinter den Scheunen lediglich wohl einmal im Jahr gemäht. Selbst auf den Dörfern sind es nun alle Stadtmenschen geworden.

Ob es für dieses Gebilde auch noch einen anderen Namen gibt?

Bild 05: Pusteblume. Welch`ein Kunstwerk! Im Bauerngarten sehr unerwünscht.

Garten, ein guter Grund draußen zu sein

Fußball? Wenn man da noch mitrennen könnte, dann wäre das schon etwas. Was Menschenmengen in den Stadien. Erstaunlich! Sicher nicht wegen der frischen Luft. Dabei sind diese Spiele oft jämmerlich langweilig. Sie rennen 90 Minuten hinter dem Ball her, ohne einmal auf das Tor zu schießen. Sie kommen nicht zum Abschluss, wie das heute so schön heißt. Ob das Wort Abschluss auch in der Liebe Platz hat? Beide drängte es mit aller Macht, zum Abschluss zu kommen. Das ist dann schon zu verstehen.

Wenn der Papst kommt sind sie auch alle da. Vielleicht gibt es da ein Stück Himmelreich ab. Wer versteht die Menschen schon? Dazu fällt mir noch ein harsches Urteil über die Menschen ein, nach der Quelle hätte ich erst noch zu forschen: „In der Entwicklung können die Menschen noch nicht weit gekommen sein wenn sie glauben, dass mehrheitlich wohlwollende Götter ihre Geschicke lenken."

Da sind meine Beweggründe draußen zu sein, schon etwas einfacher. Ich habe diesen Vormittag im Freien verbracht. Rasen gemäht! Rasen gemäht? Meine Gartenwege sind nicht gepflastert. Auf den Haupt- und Nebenwegen wächst Gras, nicht gesät, nicht gedüngt, einfach so von selbst.

Fast einen Eimer Kirschen zusammengerecht. Ein paar Gurken und Zucchini geerntet und schon die ersten Zwiebeln ausgerissen, gesäubert, zusammengebunden und an der Gartenhütte aufgehängt. Für die ‚beste Ehefrau von allen' (Kishon) ein paar Dahlien, einige Dillblüten und Knoblauchstiele abgeschnitten. Der wilde Knoblauch vermehrt sich ähnlich der ewigen Zwiebel, mit neuen Zehen oder Samen oben am grünen Stiel. Sehr dekorativ. Also, ich habe für zuhause einen Blumenstrauß geschnitten und, wie meistens, draußen keine Menschenseele gesehen.

Die Berge sind ein handfester Grund draußen zu sein. Bergauf und bergab laufen macht den Gärtner fit für jegliche Art von Gartenarbeit. Im Mai und Juni, gibt es Blumen in den Bergen, von denen man dachte, sie wären schon ausgestorben. Märchenwiese nennt sich ein Stück im Allgäu. Wer sie als Märchenwiese sehen will, hat allerdings den richtigen Zeitpunkt abzupassen. Eine Stunde im Wald aufgestiegen, kam ich in offenes Gelände. Eine Wiese war zu überqueren. Ein Blütenmeer. Obwohl der Wegweiser „hindurch" anzeigte, traute ich mich nicht. Doch dann war ganz schwach die Wegspur zu erkennen. Haben Sie schon einmal etwas von einem Schwalbenschwanzenzian gehört?

Oft fallen diese Blumen auf, weil sie an besonders „feindlichen" Stellen wachsen. Hinter der Leiter am Steineberg in der Nagelfluhkette im Allgäu war in der nackten Felswand ein einsames Felsenaurikel zu finden. Das Allysum saxatile – keine Angst, mehr lateinische Namen sind mir nicht geläufig – wuchs an der Südrampe in einer Natursteinmauer in der Lücke, die für den Wasseraustritt freigelassen worden war. Die Südrampe, komplett sieben Stunden, ist ein Stück Wanderweg über dem Rhonetal, an der Bahnstrecke Bern – Lötschberg – Simplon. Da sind Sie locker den ganzen Tag draußen. Das gelbe Steinkraut blüht jedes Jahr in meinem Garten. Anspruchslos, an vielen Stellen. Es verbreitet sich von selbst.

Für den Begriff „draußen sein" gibt es, wie für die „Freundin" eines sechszigjährigen Geschiedenen nicht so einen richtigen Begriff. Im Freien, an der frischen Luft, unter freiem Himmel, in der Natur, das Draußen? Ein Sammelbegriff hat sich jetzt im Laufe der Jahre doch herausgebildet: Die Umwelt. Die Aufschrift auf dem Toilettenhäuschen, das da zu besonderen Anlässen im Freien aufgestellt wird, weist darauf hin, dass hier etwas für die Umwelt getan wird. Doch der Frau morgens sagen, ich gehe jetzt in die Umwelt, das geht noch nicht.

Versuchen Sie einmal, einen ganzen Tag draußen zu verbringen! Im Schwimmbad im Sommer bekommt man das schon hin. Bei 30 Grad und stahlblauem Himmel sind sie dann aber da ganz schön unter Menschen. Einmal durch den See schwimmen und dann in den Garten unter den Kirschbaum: Welch ein Luxus! Ohne Garten im Herbst einen ganzen Tag draußen zu verbringen ist auch schon schwierig. Bei drei Stunden durch den Odenwald, kaum bergauf, bergab, reicht das dann völlig. Endet die Wanderung aber im eigenen Garten, gibt es gleich Ruhemöglichkeit oder weitere Beschäftigung. Im Winter von 08.00 Uhr bis 18.00 Uhr im Freien zu sein, ist dann noch schwieriger. Mit den Skiern ist das schon von 09.00 bis 16.00 bei guten Bedingungen durchaus möglich. Allerdings im Januar nicht so günstig, wenn es morgens stets Temperaturen von unter 13 Grad minus hat, mittags in der Sonne auf der Terrasse gesessen werden kann, aber ab 15.00 Uhr der Frost bereits an den Füßen zu spüren ist, trotz Skistiefel. Da hilft dann auch kein Garten.

Das Wochendende `raus? Angeln am Edersee fällt mir dazu ein. Für zweimal 24 Stunden wurden für drei Angler drei Kästen Bier mitgeführt. Die Freizeit war oft nur dazu da, also nach Dienst, um in der Kantine Bier zu trinken. Wer sonntags um 10.00 Uhr nicht zum Frühschoppen erschien, der dann bis nachmittags drei Uhr dauerte, gehörte nicht so richtig dazu. Nicht jeder muss hin und wieder einmal nach draußen.

Eine Nacht im Freien geht natürlich auch. Gehe ich bei Sonnenaufgang den Grünten an, jedes Jahr einmal, sind mir schon oft junge Leute begegnet, die von oben herunter kamen. Die großen Rucksäcke zeigten, dass sie auf dem Gipfel übernachtet hatten. Es gibt sie immer noch, die so etwas zu schätzen wissen. Sie berichten dann gerne! Ich beneide sie dann sogar ein wenig.

Immer wieder einmal den ganzen Tag draußen, fast eine fixe Idee von mir. Dabei habe ich sogar vergessen, dass die Nacht auch zum Tag gehört. Eine Nacht draußen vor der Gartenhütte wäre dabei ganz einfach zu bewerkstelligen. Der Garten am Ortsrand ist eingezäunt. Liegen sind vorhanden. Und im Sommer genügen ein paar Wolldecken. Die Wildschweine hier am Rande des Odenwaldes würden schon merken, dass da vor der Gartenhütte jemand liegt. Leider sind wir so zivilisiert, dass so eine einfache Sache schon nicht in die Tat umgesetzt werden kann.

Doch jetzt hat sich unten ein junger Kerl eines verlassenen Grundstückes angenommen, er will noch einen Schritt weitergehen. Er will sich bald von seinem Stück Feld völlig ernähren. Ich traute meinen Ohren nicht, so verschroben sah er doch gar nicht aus. Zuerst kann ich ihm bestätigen, er war sehr redegewandt. Er hat kein Auto und musste mir erst seine fast eineinhalbstündige Anreise da irgendwo aus der Rheinebene zu seinem Garten schildern. Daraus sollte ich dann entnehmen, dass er nur an den Wochenenden Zeit für die Gartenarbeit hat. Sein Plan für die kommende Ernährung beschränkte sich erst einmal auf Kartoffeln und Getreide. Damit kann man natürlich schon ganz schön weit kommen. Er konnte mir genau beschreiben, wie er aus dem reifen Getreide die Körner gewinnt und wie er sie dann von Hand mahlen wird. Kartoffeln hatte er letztes Jahr schon. Sie waren bereits im Sommer derart zugewachsen, dass er Mühe gehabt haben wird, sie dann später noch zu finden. Aber er hat sie wohl geholt. Nun drücke ich ihm die Daumen, dass sein Plan möglichst weitgehend in Erfüllung gehen möge.

Von www.selbstversorgerland.de (Zitat):
„Mehl selber mahlen – ursprünglich, kernig, und unbehandelt. Die Menge an Mehlbehandlungsmitteln ist ein Grund, Getreide selber mahlen zu wollen. Der höhere Ballast- und Vitalstoffgehalt des eigenen Mehls ist ebenfalls Grund, warum wir unser Mehl selber mahlen. Ein weiterer Grund ist der, dass frisch gemahlenes Mehl wesentlich intensiver, aromatischer und besser schmeckt als Mehl aus dem Supermarkt.“

Ja, auf was man da nicht so alles stößt. Ob sie da aber auch empfehlen, dass Getreide selbst anzubauen, habe ich nicht recherchiert.

Einen solchen Absatz über geplantes Leben fast wie in der Steinzeit können Sie nicht schreiben, wenn Sie mit dem Auto an den Gärten vorbeifahren sondern nur dann, wenn Sie draußen das Fahrrad vorbeischieben.

Und für mein selbstgebackenes Brot aus Dinkelmehl, 500 Gramm Typ 1050, ergänzt mit jeweils 200 Gramm Vollkornmehl, bekomme ich auch gleich einen Dämpfer - Mehl gekauft.

Wird das Kalb zum ersten Mal nach draußen gebracht, meint es, es könnte fliegen. Kurz und fest ist es zu halten, damit es sich bei seinen wilden Sprüngen nicht gleich die Beine bricht. Die zahme Leitkuh, die den ganzen Winter im Stall angebunden war, wird vom Bauern fest gepackt und ganz langsam aus der Stalltür geführt. Auch sie schlägt plötzlich mit beiden Beinen nach hinten aus.

Da waren die Schweizer Bauern, fiel mir in den Bergen auf, den Hessischen ein wenig voraus. Selbst im Schnee waren die Kühe immer wieder einmal draußen. Die Bauersleute, die im Frühjahr, im Sommer und Herbst von Sonnenauf- bis Sonnenuntergang draußen waren, gingen im Winter höchstens zum Schneeschippen einmal nach draußen. Im warmen Kuhstall wurden Besen geknüpft und Holzrechen repariert. Doch wir Kinder waren draußen, gleich nach der Schule. An vielen Tagen im Winter war das Schlittenfahren im Dorf möglich. Die fast einzige Straße im Dorf führte oben vom Friedhof an der Kirche vorbei bis hinunter zum Schulhaus. Nur an einer einzigen Stelle stand ein Haus ein wenig gefährlich im Weg. Hat ein Anlieger da einmal gestreut, dann nur ganz sparsam an der Seite, so dass die Schlittenbahn nicht beeinträchtigt wurde. Keine Autos in der Zeit!

Im Gewächshaus belehrte mich der Gärtner: „Nur Wärme reicht nicht, die Sonne muss hin und wieder durch die Wolken kommen, sonst wächst nichts." Jede Pflanze, jeder Strauch, jeder Baum braucht seine Portion an Licht, wenn er gedeihen soll. Licht ist das Zauberwort! Tageslicht! Sonne! Mit den Menschen könnte es anders sein.

Lese ich in einer Zeitschrift die Beschreibung einer Bergwanderung, die das Fernsehen gezeigt hat, unter der Überschrift „Das Wandererlebnis im Wohnzimmer", dann gibt es da noch nicht einmal etwas zu belächeln.

Bei der Gartenarbeit oder beim Wandern kann ich die Uhrzeit auf zehn Minuten genau schätzen. Die Uhrumstellung macht das aber stets für Tage zu Nichte. Die Uhrumstellung im Oktober hat mir seinerzeit gleich eine Stunde draußen genommen. Dann war nach dem Bürodienst im Garten nichts mehr zu machen. Auch jetzt brauche ich keine Uhrumstellung. Wer macht diesem Unfug ein Ende?

Bild 06: Märchenwiese am Hochgrat, Allgäu

18

Wie bin ich zu einem Garten gekommen?

Da habe ich zurückzublenden. Einmal meine Stunden im Dienst aufgerechnet für die Monate September, Oktober und November brachte das Ergebnis jede Woche 80 Stunden im Dienst. Das traf nicht nur mich, sondern alle Männer in unserem Truppenteil. Jeden Monat, sofern nicht Weihnachten oder Neujahr war, etwa 14 Tage in Deutschland unterwegs. Zum normalen Dienst hieß es morgens zehn nach sechs weg, abends zehn vor sechs zurück. Da blieb für Freizeit nicht viel. Kein Gedanke an einen Garten.

Mein Hausnachbar war irgendwie zu einem Garten gekommen. Er hat wohl schnell gemerkt, was das für eine unangenehme ständige Anforderung an ihn ist. Meine Frau hat mich dann gestubst: „Die wollen ihren Garten nicht mehr, der Kalli, der Schwiegersohn, der würde auch helfen. Hier in der Stadt drei Minuten zu Fuß ein Stück Garten, das wäre doch etwas." Am anderen Tag die Meldung: „Der Kalli hat den Garten genommen." Da war ich schon ein wenig enttäuscht. Die ergänzende Meldung: „Du bekommst ein Stück ab", hat mich getröstet.

„Das ist gut so", dachte ich, „wenn du Lust hast, kannst du da etwas machen, wenn nicht, lässt du es." So begannen auch meine Gartenarbeiten gleich mit einer Fehleinschätzung.

Der Garten lag in einer Anlage, so wie der von den Grosseltern vor Jahren. Ein Streifen, etwa zehn Meter breit von einem festen Zaun umgeben mit einer eisernen Gartentür. Gegenüber entstanden bereits die Einfamilienhäuser. Hinten schlossen sich weitere Gärten an. Vor dem Garten lediglich ein Fußweg. Ein schöner Platz. Vorn ein kleiner und ein hoher Birnbaum, hinten ein Kirschbaum mit einer weitläufigen Krone. Dazu ein Apfelbaum. Mittendrin ein kleines Gartenhüttchen. Gleich fast eine Idylle.

Mit jedem dieser vier Obstbäume hatte der angehende Gärtner bereits Probleme.

Der Apfelbaum wuchs wie wild. Er war in der Krone praktisch ein Gestrüpp. Im Laufe von ein paar Jahren habe ich von Gartennachbarn und –büchern mehrere Ratschläge eingeholt. Nichts hat geholfen. Äpfel gab es nicht. Er blieb trotzdem stehen. Der kleine Birnbaum war das Gegenteil. Er kümmerte so vor sich hin. Hatte auch mitunter drei oder vier große feste Birnen der Sorte Unbekannt. Er musste dann weichen. Die Gute Luise dagegen trug jedes Jahr viele Birnen. Eine sehr wohlschmeckende Birne, so, wie man sich gute Birnen vorstellt. Der Nachteil: Die Birne ist für den baldigen Verbrauch bestimmt und war durch einen Hobbygärtner nicht aufzubewahren. So habe ich dann, als der Wind über Nacht viele zu Boden gebracht hatte, am Gartenzaun gestanden und den vorbeigehenden Schulkindern Birnen überreicht. Ein Bub, diese Birnen im Garten liegen sehend, stürzte gleich rechts durch die Gartentür, die ganze Meute hinterher und sie sammelten die Birnen ein.

Da war es doch beim Herrn von Ribbeck gesitteter zugegangen.

Und noch zum Ribbeckschen Birnbaum: Ist im Herbst die Gartenarbeit fertig – das ist falsch, nie ist sie vollends vollbracht – wenn es zu nass ist, wenn der Boden gefroren ist oder gar einmal Schnee hier in der Rheinebene liegen sollte, ist im Garten nichts mehr zu machen. Dann geht es spazieren, wandern im Odenwald. Dort steht auf offener Wiese ein mächtiger alter Birnbaum. Selten begegnen mir dort Leute. (Wer muss schon raus, wenn er gemütlich vor dem Fernseher sitzen kann?) Aber wenn, dann richte ich es so ein, dass ich höflich fragen kann: „Entschuldigung, ist das hier vielleicht der Ribbecksche Birnbaum?" Viele erinnern sich. Mitunter wird er aber auch nach Hamburg versetzt. Von vier jungen Leute, die im Ort etwa eine halbe Stunde hinter dieser Lichtung wohnten, sagte einer unmissverständlich: „Das könne mir net wisse, mir sein net von do". Die anderen drei nickten zustimmend.

Zu meiner Schwiegertochter habe ich beim Spaziergang auf diesen Birnbaum zeigend gesagt: „Das ist der Ribbecksche Birnbaum." „Woher weist du das?", kam gleich die Frage. Soviel Unwissen hatte ich ihr nicht zugetraut. Zu meiner Freude kann der Enkelbub jetzt gleich erklären, was ein Büdner ist. Bitte, lesen Sie den „Herr von Ribbeck zu Ribbeck im Havelland".

So fehlt noch der vierte Baum in meinem ersten Garten, ein Kirschbaum. Die Blüte Anfang/Mitte Mai stets erfroren. Ganz vereinzelt nur ein paar Kirschen jedes Jahr.

Das Besondere allerdings war, dass es auf diesem schönen alten Grundstück eine Wasserpumpe gab. Problemlos immer Wasser im Garten, was für ein Luxus. Sie machte nur bei lang anhaltender

Trockenheit schlapp. Nicht die Pumpe, sondern das Grundwasser kam nicht nach.

Nur für ein paar Jahre konnte ich versuchen, diesen schönen alten Garten in Schuss zu halten, dann war in das Gebiet Mannheim, Heidelberg, Weinheim, umzuziehen.

Bild 07: „Der Ribbecksche Birnbaum am Rande des Odenwaldes"

Gartenwechsel

Auf der Suche nach einem neuen Garten in einem „fremden Land" fand ich gleich im Dorf ein verlassenes Grundstück. Fehlanzeige! Da soll demnächst die neue Post entstehen. Nun steht das Gebäude schon lange „halbtot" da. Sortierraum und Schließfächer werden noch gebraucht. Die Post ist jetzt im Schuhgeschäft. Da dachten wir, so etwas gibt es nur in Amerika in der abgelegenen Prärie.

Oft bin ich durch die Weinberge hier an der Bergstraße gegangen und habe Ausschau gehalten. Da und dort gab es schon verwahrloste kleine Grundstücke. Doch meine Nachforschungen verliefen stets im Sande. Dann hatte immer wieder laufen und schauen und nach einem Stück Feld suchen Erfolg. Ein Zettel „zu verpachten" mit Anschrift hing an einem Pfahl an einem Grundstück fast am Ortsausgang eines Dorfes am Rande des Odenwaldes. Die sehr alte Frau, die dann mit mir hochging, um mir alles zu zeigen, bückte sich gleich beim Betreten des Grundstückes und riss dort noch einen Löwenzahn aus. Entschuldigend sagte sie gleich: „Das ist einfach so in einem drin."

So sage ich, wenn Sie diesen Drang in sich darinnen spüren, dann wird es vielleicht etwas mit einem Garten.

Das Grundstück war nicht eingezäunt. Vielleicht acht Meter breit und sechzig Meter lang. Einen Zaun wollte ich auf keinen Fall. Draußen sein und Freiheit gehören zusammen. Es hatte zwei Kirschbäume, zwei riesige Kirschbaumstümpfe und viele Johannisbeersträucher. Kein Wasser, weit und breit kein Waal, keine Bisse und auch keine Suone. Einen Garten ohne Wasser wollte ich nicht. Ob doch damit zurechtzukommen ist?

Meine Zaunverweigerung wurde schnell bekehrt. Die Leute reißen alles ab, selbst wenn es noch grün ist. Eine Feuerlilie wurde sogar ausgegraben. Dann gibt es noch die Hundeleute. Über das frisch eingesäte Beet lassen sie den Hund, groß wie ein Kalb, laufen. Mit den Hundehaufen vor dem Garten hat es sich im Lauf der Jahre sehr gebessert.

Etwas haben Hunde und Garten schon gemeinsam. Auch um den Hund muss sich sein Besitzer stets kümmern. Mehr noch als um ein Kind, wage ich zu behaupten. Das Kind wird schnell groß und immer selbständiger, der Hund lebt in völliger Abhängigkeit.

Die meisten Holzpfähle von Raiffeisen stehen noch nach fast 30 Jahren! Die einen Euro günstigeren Pfähle aus einem Baumarkt waren nach zwei Jahren abgefault. So ist leicht zu erkennen, dass Hobbygärtnern vielseitig ist.

Ein Zaun war erst einmal zu errichten. Die Grundstückgrenzen rechts und links regelrecht fließend. Links war es eine Art Furche, rechts eine im Bogen verlaufende Fußspur. Der Eigentümer wusste nur, dass da irgendwo Grenzsteine sein müssen und dass das Land auch hinten hinunter zum Hohlweg dazu gehört. Ein „Einheimischer" hat mir dann einen Plan zukommen lassen auf dem die Grundstücke aufgezeichnet und auch die Eigentümer eingetragen waren. Doch das hat nicht weitergeholfen. Auf dem Gemeindeamt gab es zwar auch keine Auskunft über die Größe des Grundstücks aber den Hinweis, dass das Katasteramt in Heidelberg über entsprechende Unterlagen verfügt. Mit richtigem Misstrauen begegnete mir der Sachbearbeiter auf dem Amt: „Wozu?" Die Unterlagen waren so alt, dass sie nur ganz vorsichtig angefasst werden konnten. Mit Mühe konnten die Abmessungen dieses Stückchen Land herausgelesen werden. Dann hieß es aber erst einmal in der Natur den ersten Stein zu finden. Die untere Zaunseite habe ich eingedenk eines alten grimmigen Nachbarn so ziemlich auf mein Grundstück gesetzt. Erst später erfuhr ich, er hatte das auch nur in Pacht.

Zuerst wurde um die großen Kirschbaumstümpfe herum gegärtnert. „Du hast einen Garten wie die Franzosen", meinte abfällig mein Bekannter. Die Baumstümpfe mussten weg. Sie erforderten fast einen Bagger. Doch - auch hier zu meinem Glück - mein Feld hat Sandboden.

So konnten mittels Spaten, Axt und Säge nach und nach die Wurzeln freigelegt, zerhackt und zersägt werden. Der Stumpf war hin und her zu bewegen. Doch wie das schwere Ding da herauskriegen? Der Wurzelklotz war zu kanten, und so konnte jeweils etwas Sand unter die seitlich herausragenden Wurzeln geschippt werden. Langsam kam er nach oben. Dem zweiten Stumpf ging es ebenso an den Kragen.

Eine Hütte musste her! Einmal für das Gartengerät und zum anderen für das Wasser. Für zehn Stöcke Tomaten könnte das Wasser im Kanister noch von zu Hause mitgebracht werden. Das wird ja sowieso gebraucht, da sich der Gärtner hin und wieder die Hände zu waschen hat. Doch wenn dann auch noch Radieschen gesät werden sollen und einige andere Sachen, sollte der Gärtner von vornherein damit rechnen, dass mehr Wasser gebraucht wird.

Eine Hütte kann in Leichtbauweise mit Dachlatten und Feder-, Nutbrettern baukastenähnlich im Hauskeller vorbereitet werden. Mit Klarlack habe ich sie dann nach dem Aufbau gestrichen. Der widersteht natürlich nicht lange der Sonne. Sie haben ziemliche Mühe, diesen abgeplatzten Lack dann ganz zu entfernen. Machen Sie sich vorher schlau über Lackeigenschaften! Auch die Teerpappe obendrauf hält nicht ewig. Irgendwann ist das Dach undicht. Auch da gibt es Tiere, die sich durch die Dachpappe fressen. Vielleicht sind es sogar die nützlichen Ohrwürmer.

Steht die Gartenhütte Anfang Mai, können die ersten Radieschen gesät werden. Kommt der Gärtner nach 14 Tagen Wanderungen durch die schönen Wiesen im Allgäu - der Beschießer ist da auch schon zu besteigen - kann er gleich frische Radieschen ernten. Kann er sie nun bundweise aus dem neuen Garten holen? War es zu trocken, sind die meisten geschosst, d.h. das Kraut ist nach oben gewachsen, bildet Blüten und die Frucht ist bereits holzig. Hat es zu oft geregnet, sind sie zu dick geworden und aufgeplatzt. Finden sie eins, das normal aussieht, hat es Maden.

Der schattige Platz unter dem Kirschbaum, an dem die Kirschen gerade rot werden, und die besondere Lage meines schönen Stückchens Feld, lassen die Radieschenmissernte schnell vergessen. Gegen Westen kommt gleich ein Hohlweg, in dem die Dachse zuhause sind. Durch Bäume und Sträucher kommt hinter der Rheinebene der Donnersberg und weiter unten die Kalmit zum Vorschein. Vom „Vater Rhein" ist absolut nichts zu sehen. Rechts zum Ort hinunter gibt es lauter mehr oder weniger bewirtschaftete Geländestreifen. Nach links hinauf dann ein Streifen, an dem sich immer wieder eine neue Gärtnerin versucht, und ein weiterer, auf dem schon immer ein beständiger Gärtner verschiedenes Obst einschließlich Pfirsichen anbaut. Dann kommen mehrere Streifen Weinberg. Der Rote Burgunder soll das meiste Geld bringen. Da wo die Sonne herkommt, ist der Odenwald. Der Melibokus oder Malschen ist nicht zu sehen. Diese Höhe schlummerte jahrelang in meinen Akten. Warum erkennen Sie, wenn Sie da einmal hinaufsteigen. Im Odenwald soll es dann Hasen, Füchse, Rehe und Wildschweine geben. Sie sind selten zu sehen. Ebenso aber auch diese da, die da in der Rheinebene so zahlreich wohnen, die Menschen. Ich denke, von denen muss kaum einer einmal draußen sein.

Ganz dicht vorbei, durch den Hohlweg, führt der Blütenweg der Bergstraße. Er trägt seinen Namen nur an wenigen Tagen im April oder Mai zu Recht. Der Name des Wanderweges gleich oben im Odenwald gilt das ganze Jahr: Burgenweg.

Fast paradiesisch: Ein Streifen Garten zwischen den Weinbergen an der Bergstraße.

Bild 08: Einfach köstlich: Möhrenmahlzeit

Vor langer, langer Zeit: „Für so eine Möhre lasse ich jede Bratwurst stehen!" Mit etwas Gartenglück gibt es prächtige Möhren. Und gesünder als Pralinen sollen sie auch sein.

Möhren

Möhren sollten es gleich zuerst sein. Die sind besonders vielseitig zu verwenden. Nach meinem Wissen um die Möhrenernte seinerzeit im Meißnerdorf, da wurde neben dem Rübenfeld eine Reihe Möhren gesät und dann konnten im frühen Herbst große kräftige Möhren mit nachhause gefahren werden; war das einfach! Aus dem Bauerngarten vor dem Haus konnte mitunter eine geerntet werden. Sie wurde an der Hose abgewischt und schmeckte köstlich. Als ich Jahre später bei der Schwägerin im Garten eine Möhre auszog und verzehrte rief sie heftig: „Du musst doch erst gucke, ob kenne Wärme drinn sinn!" Pflanzenschutzmittel im Bauerngarten gab es seinerzeit nicht.

Die Möhren können früh im Jahr gesät werden, brauchen allerdings drei Wochen zum Auflaufen oder verständlicher, zum Aufgehen. So waren sie nach vielen Tagen als feine, kleine Pflänzchen schon als Möhren zu erkennen. Am nächsten Morgen waren sie verschwunden. Habe ich sie nun gesehen oder nicht? Ohne Schneckenkorn gibt es keine Möhren! Versuchen sie es nicht mit Bier. Das alarmiert alle Schnecken in 100 Meter Umkreis.

Drei Wochen zum Auflaufen brauchen die meisten Wildkräuter nicht. So stehen sie bald vor einem einheitlich grünen Beet. Um den Möhren den notwendigen Lebensraum zu verschaffen ist ein ganzer Vormittag gebückt, hockend oder kniend anzusetzen, immerhin draußen.

Dann heißt es gedulden. Wochen dauert es, bis schöne, lange glatte Möhren zu ernten sind. Selbstverständlich ist es gestattet, sofern von oben zu erkennen ist, dass sich da schon kleine Möhren gebildet haben, einmal eine auszuziehen und diese köstliche, süße Frucht zu genießen.

Einmal hatte auch ich Möhren wie im Bilderbuch. Gerade gewachsen, fast dreißig Zentimeter lang war die erste, die ich herauszog. Von der zweiten hatte ich gleich nur das saftige, grüne Kraut in den Händen. Das ganze Möhrenbeet war ratzeputz abgefressen. Wühlmäuse! Nur ein paar kümmerliche Möhren blieben dem Gärtner.

So habe ich dann ein wühlmaussicheres Beet angelegt. In etwa 40 Zentimeter Tiefe unten und rundherum alles mit engmaschigem Draht ausgelegt und dann aber nur noch wenige Möhren gesät, hier und da einmal eine Reihe. Warum? Das zeigt das Bild am Ende des Kapitels anschaulich.

Die Ehefrau, die lieben Kinder und ein Garten machen halt nicht nur Freude!

Sollten sie einmal größere Mengen ernten ist zu beachten, dass sie, wie Kartoffeln, frostempfindlich sind. Bleiben sie bei Frost in der Betongarage liegen, sind die Möhren hin.

Ob das die Versorger (Logistiker für die Leute von heute), die seinerzeit die Kartoffeln nach Stalingrad zu transportieren hatten nicht gewusst haben? Da sollen oft nur noch erfrorene Kartoffeln angekommen sein. Doch hatten sie wahrscheinlich weder Nudeln noch Reis in ausreichenden Mengen verfügbar. Das diese Stadt schon lange Wolgograd heißt, muss ich hier noch hinschreiben.

Wenn die Krim nicht besetzt worden wäre, an der ukrainischen Grenze nicht noch ein Minikrieg angezettelt wurde, die gute Frau Merkel zur Olympiade nicht nach Sotschi gereist wäre, erführe man nicht viel von Russland. Nun ja, Gas und Schröder gibt es da auch noch.

Dass Sie da nicht hingefahren sind, sehr geehrte Frau Merkel, welch ein Fehler. Ein kleines Lob über die Olympiade wäre auch dem Herrn Putin wie Öl `runtergegangen. Dann hätte sich locker, fast wie nebenbei, auch über Doping, Pressefreiheit und die Ukraine (Doch das hat dieser Herr aus Moskau erst später angezettelt.) reden lassen. Während ich in meinen zwei Gartengrundstücken schon hin und wieder die Übersicht verliere, kann ich nur sagen, der Herr Putin hat ein Riesenreich zu verwalten.

Sanktionen? Kein Obst und Gemüse nach Russland? Wen trifft das wohl? Zuerst die Gemüsebauern hier gegenüber in der Pfalz. Sogar Baumschulen, habe ich da gerade noch vernommen. Und wen trifft es da drüben? Sicher nicht die Wohlhabenden (Die es da ja auch gibt). Welch ein Unfug!

Mein altes Textverarbeitungsprogramm Word scheitert auch an Sotschi und Putin. Ein Riesenreich und keine Fußballer, die diesen Deutschen einmal zeigen könnten, wie es gemacht wird? Wie ist so etwas überhaupt zu erklären? Das wird den Herrn Putin schon ein wenig bewegen. Nun, die Vereinigten Staaten von Amerika können da auch nicht viel vorweisen. *) Ob wir mit unserem Demonstrationsrecht den Russen voraus sind, ist sehr zweifelhaft. Wenn erkannt wird, dass zu einer Veranstaltung (G20-Gipfel in Hamburg) der Mob aus allen Himmelsrichtungen anreisen wird, die Stadt und das Land keine ausreichende Kräfte hat, um für Ruhe und Ordnung zu sorgen, sollte eine gesetzliche Handhabe existieren, die jegliche Demonstration verbietet. Die Hamburger Bürger wären 2017 da sicher einverstanden gewesen. Ja, was so einen Gärtner noch alles bewegt!

Putin und Merkel vielleicht doch etwas zu groß für den Gärtner? Ich habe schon den Herrn Churchill als Spielzeug gehabt, vielleicht war es auch der Chamberlain. Er saß auf einem hohen Sockel und war aus Blech gestanzt. Mit rosiger Gesichtsfarbe, einem schwarzen Zylinder und einem Regenschirm war er da zum Schaukeln anzustoßen. Die Absicht dahinter war wohl, den Mann lächerlich zu machen.

Vom Herrn Putin noch einmal zu den Möhren. Der Name Möhren ist mir noch immer ein wenig fremd. Einfach Wurzeln waren es bei uns zuhause. Möhren wie Wurzeln: Statt einer langen glatten Frucht eine mit mehreren Verzweigungen bekommen Sie, wenn Sie die Möhrenpflanze beim Jäten lockern. Daraus ist gleich zu folgern, Möhren können nicht wie Salat verpflanzt werden.

Auch der Bauer oben am Meraner Höhenweg kannte das Wort Möhren nicht. „Gelbe Rüben", rief ihm sein Sohn zu. „Ach so", sagte er, „Wurzeln."

Haben Sie einmal eine richtige Portion Möhren geerntet, ist das noch lange keine reine Freude. „Die sind viel zu hart, die kann ich gar nicht schneiden", hören sie gleich aus der Küche. Richtig schmutzig sind die eigenen Möhren dann auch noch. So sollten Sie gleich die Vitamine ins Spiel bringen und die harten Möhren selbst für die Verarbeitung in Angriff nehmen. Gewürfelt aus dem Gefrierschrank finden sie dann Gnade vor den Augen der Hausfrau.

Und meine Hausfrau, ja, da habe ich eine Frau vom Dorf geheiratet und sie **schält** die Möhren. Für die angehenden Hausfrauen: „Möhren haben keine Schale! Möhren sind zu schrappen!" Die Rückseite des Küchenmessers ist hier für gut geeignet. Doch wenn ich mich bei meiner Hausfrau da schon nicht durchgesetzt habe, brauche ich das wohl hier auch nicht aufzuschreiben.

*) Fusballwissen von 2017

Mit den Möhren auf dem Wochenmarkt können sie nicht konkurrieren.

Bild 09: Möhren eigene Ernte

Etwas Spinat

Ein paar Nutzpflanzenarten gibt es schon, die mit dem Unkrautwachstum mithalten können: hier zum Beispiel Spinat. Wird er im Herbst gesät, lassen Frost und unterirdisch lebende Tiere schon einige Pflanzen übrig. Auch im Frühjahr gesät, wächst er schnell und überholt fast jegliche Wildkräuter. Da hat der Hobbygärtner auf einmal ganz viel Spinat zur Verfügung. Zweimal in der Woche Spinat und Spiegeleier, ursprünglich militärisches Standardgericht alle 14 Tage, dezimiert die anfallende Menge kaum. Wer da seinerzeit von zwei Spiegeleiern mit Spinat nicht satt wurde, konnte sich selbstverständlich einen Nachschlag holen. Es gab dann noch eine Schöpfkelle voll Kartoffeln. Diese jungen Kerle waren dann alle auch eher mager als fett.

Für die Verwertung der Spinatmengen werden die tüchtige Gärtnerfrau, Gärtnerlebensgefährtin oder gar der Gärtnerlebensgefährte gefordert. Wenn die sich der Mengen, besser wohl „der Menge", annehmen, sie pflücken, waschen, blanchieren, einfrieren und dann hin und wieder Nudeln mit Spinat auf den Tisch stellen, dann mag der Anbau von Spinat nützlich sein. Ich ziehe allerdings die Tomatensoße ein wenig vor. Nudeln und Spinat, wie mag die Ehefrau bloß darauf gekommen sein?

Die Gärtnerfreundin will ich dabei nicht nennen. Sie muss sich ja erst entwickeln. Sie wird für die Spinatverwertung nicht so schnell zu gebrauchen sein. Wie nennt, bezeichnet eigentlich der 55-jährige Geschiedene jemanden, den er kennen gelernt hat, mit der er schon das tut, was Eheleute hin und wieder so tun, die aber noch nicht zusammenleben? Freundin geht da nicht so recht. Die Lebensgefährtin ist es noch nicht. Unter Gefährtin stellt man sich etwas anderes vor. „Meine Frau" wird auch nicht benutzt. Fehlt da der deutschen Sprache ein treffendes Wort? Meine Bekannte, habe ich da einige Male gehört. Doch das klingt auch befremdlich.

Gut wächst auch der Mangold. Ob grüngelb oder rot, es gibt kräftige Pflanzen, doch wenn sie schon diesen Spinat haben, wird Mangold im Sommer nur einmal auf den Tisch kommen. Der Geschmack dieses Gemüses ist gewöhnungsbedürftig. Er schießt, wird bis zu zwei Meter hoch, bildet Samen, und im nächsten Jahr haben Sie wieder, wenn sie die kleinen neuen Pflanzen als Mangold erkennen und stehen lassen, mühelos Mangold im Garten. Unser Schweizer Hauswirt sagte Stieler zu seinem schönen Mangold.

Vom Spinat werden die äußeren großen Blätter geerntet. Die Pflanze bleibt stehen und lassen Sie sie auch noch eine Weile weiterwachsen. Sie kann dann als Gründünger verwendet werden. Bei der maschinellen Spinaternte wird wohl alles abgemäht was da so wächst. Ob sich das dann wirklich auf dem Band alles einwandfrei aussortieren lässt? Die Ehefrau will auf jeden Fall keinen Spinat aus der Supermarkttiefkühltruhe.

Während der Spinat im Garten kräftig wächst, blühen gegenüber der Weißdorn und die Kirschen.

Bild 10: Kirschbaum an der Bergstraße

Bohnen

Möhren, Radieschen, Spinat, wenn das alles so schwarz gemalt wird, was soll dann ein Garten? An Bohnen kann man Freude haben! Meine Gefährtin (Vater mit der Gustloff untergegangen) hatte gerade gesagt: "Die Bohnen von Stiel und Blüte befreien, waschen, schnippeln usw. macht mir richtig Spaß." Dass der Herr Schubeck gesagt hatte: „Die Blüte braucht nicht entfernt zu werden, das wird nur aus Gewohnheit getan", ignoriert sie dabei.

Bohnen sind vielseitig verwendbar: Zu Bohnensalat mit Schmand oder Öl angerichtet, als Bohnengemüse mit Südtriroler Speck gewürzt und leckere Bohnensuppe als vollständiges Mittaggericht. Das Bohnenkraut gehört an die Bohnensuppe, mitkochen und/oder in die fertige Suppe streuen, beides ist möglich. Kritiker meinen, es schmecke oder rieche so ein wenig nach alten Autoreifen. Ein Teelöffel Schmand in den Suppenteller mildert den Geschmack. In unserem Gefrierschrank gibt es im August dann etwa 25 Beutel geschnippelte Bohnen.

Genaue Rezepte will ich hier allerdings nicht verbreiten. Bohnensalat und -gemüse wird wohl jeder halbwegs gebildete Mitteleuropäer „auf die Reihe kriegen". Doch eingedenk der vielen Fertigprodukte die heute in der Küche verwendet werden, will ich diese Aussage etwas abmildern: „Bohnensalat und –gemüse sollten noch viele Hausfrauen ohne große Mühe lecker zubereiten können."

Doch zum Anbau gilt auch hier: Besser Sie säen gleich zwei Päckchen Buschbohnen. Eine Sorte trägt dann bestimmt ausreichend. Mit Stangenbohnen ist die Ernte müheloser, doch dann ist auch ein Gerüst zu bauen. Sofern man beim pedantischen Nachbarn kein Ansehen verlieren will, sollten dabei Schnur und Wasserwaage zum Einsatz kommen.

Zuerst das Huhn oder zuerst das Ei? Habe ich zuerst die Bohnen gesät oder zuerst die Stangen entdeckt? Im ausgelichteten Jungwald lagen verdorrte Tannenbäume in großer Zahl. „Wenn ich die hole, kann ich auch einmal Stangenbohnen anbauen", kam mir die Eingebung. Zuerst war der Förster von Habichts-, Rheinhards- oder Kellerwald ausfindig zu machen. Er zeigte sich gleich völlig abwehrend: „In seinen Wald kommt keiner!" Ich blieb ein bisschen hartnäckig und legte auch fünf Mark auf den Tisch und dann bekam ich schließendlich sogar kostenlos die Erlaubnis, mir da so an die zwanzig Stangen zurechtzuschneiden. Mit Beil und Säge bewaffnet und der Tochter als Verstärkung, sie hat mit Vergnügen mitgeholfen, haben wir dann diese Bäumchen entästet und zurechtgeschnitten. Sie wurden auf den VW-Käfer oben auf dem Skiträger etwas verkehrswidrig befestigt, die Spanngurte, die heute fast täglich auf der Autobahn liegen, gab es noch nicht, und nach Harleshausen zum Garten transportiert.

Beim Aufbau des Bohnenstangengerüsts wurde ich vom Nachbarn beobachtet. Ich steckte die Stangen nach Emil-Augenmaß in Reihe. „Nehmen Sie keine Schnur?", rief er gleich. Ein kleines Lob bekam ich doch hinterher ab. „Ohne Wasserwaage und Lot haben Sie das ganz ordentlich hingekriegt."

Dann gibt es noch die Saubohnen. Die Namen Dicke Bohnen und Pferdebohnen sind mir noch geläufig. Sie sind mir in Norden, nicht im Norden, im Ort Norden begegnet. Vor jedem neuen Häuschen gab es dort schon einen Garten. Kartoffeln und Dicke Bohnen waren das Dominierende. Ob sie es beibehalten haben? So waren im Ort auch mühelos Dicke Bohnen als Samen zu haben.

Nun gab es auch hier in der Rheinebene ein Dicke-Bohnenbeet. Nach Tagen sagt die Frau dann: „Komisch, die Reihe, die du gesät hast, ist aufgegangen, in meiner Reihe kommt nichts. Habe ich was falsch gemacht?" Wer kann das beantworten? Schließlich habe ich dann doch in ihrer Reihe nach gelegten Bohnen gesucht. Kleine Vertiefungen, fast Löcher, fielen mir auf. Wir hatten die Rechnung ohne das Eichhörnchen gemacht. Es hatte viele von diesen wohlschmeckenden Bohnen ausgegraben. Die wenigen, die aufgegangen waren hatten Läuse. Schwarze Läuse, die ich sonst nirgends gesehen habe, hatten sich in Rudeln in den Saubohnen festgesetzt. Der Bohnenertrag war gering, wäre eine Falschmeldung, es war nichts brauchbar.

Bei Norden kommt gleich Radio Norddeich noch in die Erinnerung. Auf Kurzwelle bei etwa 2605 kHz kam es zu meiner Zeit als Militärfunker nachts brüllend laut auf meiner Frequenz 2604 kHz hier in Mittelhessen an. Meine Funkverbindung war damit ziemlich tot. Mit dem Morgengrauen verschwand das Signal dann wieder dahin, wo es hingehörte, zur Nordsee.

Neidvoll habe ich Mitte Mai auf die schon 30 Zentimeter hohen Buschbohnen in einem Garten in Oberstdorf geblickt. Ich hatte meine hier in der Rheinebene erst gesät. Als ich am nächsten Tag, statt auf den Grünten oder Iseler, da wieder vorbeiging, - in der Nacht vorher waren es fünf Grad minus - waren sie schwarz gefroren. Vielleicht war dieser Gartenbesitzer gerade an der Bergstraße, um die Kirschblüte zu bewundern.

Eine Warnung soll nicht fehlen. Grüne Bohnen roh sind giftig! Der Bruder hat seinen zwei Kindern, die an den grünen Bohnen im Garten vor dem Haus Gefallen gefunden hatten, schnell die Mägen auspumpen lassen. Danach hat er nie wieder grüne Bohnen angebaut.

Bohnen eingeweckt geht natürlich auch. Werden sie dann wieder aus dem Keller geholt, ist sorgfältig zu prüfen, ob das Glas noch fest geschlossen war. Im Zweifelsfall, wenn das Gummi sich ganz leicht aufziehen lässt, zu sagen: „Sie werden schon noch in Ordnung sein", ist sehr gefährlich. Sie können, sie sind verdorben dann arg giftig!

Es wächst schon ganz schön durcheinander, wenn der Gärtner nicht ständig seine Hände im Spiel hat. Auf meinem E-Book-Reader wird alles nur schwarz-weiß dargestellt. Hoffentlich präsentiert die nächste Generation dieser Geräte einen Wald schöner, gelber Blumen.

Bild 11: Gelbe Blumen – wie mögen sie heißen?

Dann haben wir noch den Salat

Ob der Salatkopf aus dem Garten dem Kopfsalat aus dem Treibhaus überlegen ist? Eindeutig! Bei manchen eigenen Feldfrüchten mag die Einbildung das Urteil verfälschen. Doch wie soll ich diese Behauptung hier begründen? Da fehlt mir der Wortschatz eines Weinsommeliers: „Schmeckt nach Himbeeren, erinnert an Schwarze Johannisbeeren und schwach an süße, überreife Annanas. Beim Abgang leichter Vanille- oder Lakritzgenuss." So ähnlich stand es an einem Südtiroler Nobelhotel im Aushang auf der Getränkekarte. Da musste der Wein eigentlich arg verdorben sein. Falls Sie einmal ein besonderes Geschmackserlebnis haben wollen, pflücken sie einen Apfel, der hängen geblieben ist! In diesen Apfelplantagen in Südtirol wird hier und da einer vergessen. Haben diese Äpfel ein paar kalte Nächte über sich ergehen lassen müssen, haben sie einen unübertroffenen Geschmack und ein hervorragendes Aroma.

Warum der Blattsalat aus dem eigenen Garten und selbst zubereitet eine Klasse besser ist als jeder, der sonst wo serviert wird, ist dem Absatz Kräuter zu entnehmen.

Salat, kaum zu glauben, wäre bereits eine Wissenschaft für sich selbst. Die Sortenvielfalt ist groß. Für den Hobbygärtner reicht das Pflanzenangebot beim örtlichen Gärtner. Da gibt es gleich eine Grundregel: Bauen Sie das an, was dort angeboten wird. Das wird in Ihrer Gegend am besten wachsen. Das gilt auch für den Blumenkasten auf dem Balkon.

Haben Sie dann zwölf Salatpflanzen erstanden, können Sie nur hoffen, dass es zwölf Salatköpfe gibt. Die Schnecken lieben junge Salatpflanzen aus dem Treibhaus über alles. Besser, Sie stellen sich darauf ein, dass es höchstens zehn Köpfe werden. Warten Sie bei der Ernte nicht, bis es zehn große Köpfe sind. Dann werden Sie wahrscheinlich nur drei schaffen. Gleich, wenn es schätzbar eine kleine Schüssel Salat gibt, den ersten Kopf abschneiden. Als das Nachbarmädchen meinen Salat in diesem Stadium abgeschnitten hatte und ich hinzukam, meinte sie nur: „Der liebe Gott lässt es für alle wachsen." Über den Gartenzaun habe ich schon geschrieben.

Selbst Salat säen ist empfehlenswert. Säen Sie ihn möglichst an Ort und Stelle, da wo er wachsen soll. Verpflanzen erfordert zusätzlichen Aufwand und mehr Pflege: Gleich häufiger gießen, wenn er an- und weiterwachsen soll. Das Hilfsmittel Schlitzfolie hat sich bewährt. Im Salatkopf aus dem eigenen Garten werden Sie auch bei dem Einsatz von Schneckenkorn immer wieder eine Schnecke finden. Irgendwie schafft es eine neue Generation winziger Schnecken in die Salatköpfe. Beim Waschen den Salat eine Weile im Wasser liegen zu lassen ist den Schnecken unangenehm und sie kommen an die Oberfläche. Pflücksalat, eine Sorte die keine Köpfe bildet, schmeckt den Schnecken nicht so besonders. Er hat kräftige, widerstandsfähige Blätter und gibt auch noch im Sommer, hin und wieder gegossen, eine gute Ernte.

Salat ist außerordentlich stabil. Er übersteht einen kleinen Aprilfrost besser als das Kartoffelkraut.

Feldsalat wird vor der Sommerreise in die Berge ausgesät. Im August ist hier in der Rheinebene der Garten pulvertrocken. Versuchen kann man es. Ist der Samen ausgebracht, wird er in der Reihe angegossen und mit lockerer Erde bedeckt. Schauen Sie nach drei Wochen auf das Beet, ist es vollständig grün. Bei genauem Hinsehen finden Sie auch hier und da eine Pflanze Feldsalat.

Wollen Sie noch immer Gärtner werden? Manchmal gelingt es halt auch. Da hatte ich soviel Feldsalat, dass ich ihn der Nachbarsfrau zuhause angeboten habe. Da hat sie doch gefragt - auf dem Dorf hätte man gesagt: „Da hat das Mensch oder sogar das Luder, gefragt" - ob er schon gewaschen sei.

Bei günstiger Witterung, Regen zur rechten Zeit, kommt der Feldsalat sogar wild in meinem Garten. Vorausgesetzt natürlich, dass Sie beim Unkraut jäten immer wieder einmal ein paar Pflanzen stehen lassen, die sich dann aussäen.

Bei „wildem Feldsalat" gleich noch dazu: Wuchs er am Hohen Meißner auf den Kartoffelfeldern nach der Ernte, so wächst er hier wild in vielen Weinbergen an der Bergstraße. Drei junge Frauen, die mit einer Horde Kinder unterwegs waren, habe ich auf den Feldsalat zeigend gefragt, ob man diesen abschneiden und essen könnte. Sie wussten weder etwas über das häufige Spritzen in den Weinbergen noch kannten sie Feldsalat.

Wissen, Unwissen, es geht gleich weiter: Eine Gruppe Erwachsener stand vor einem Rübenfeld. Es war eine naturkundliche Wanderung.

Zuckerrüben oder Futterrüben wurde diskutiert. Wer schon stundenlang Futterrüben auf den Wagen oder in den Keller geworfen hat, hat da keine Probleme. Der größte Bauer im Dorf hatte sogar ein Feld Zuckerrüben. Mit einer Spezialgabel mussten sie wegen ihrer Pfahlwurzeln arg mühsam aus der Erde geholt werden.

Seinerzeit kostbare Zuckerrüben. Aus diesen Zuckerrüben wurde der Sirup gekocht. Über Nacht war zu rühren, das Feuer in Gang zu halten. In unserer schwarzgelackten fast drei Meter langen Hochglanzvitrine mit gedrechselten Beinen war dieser Brotaufstrich an einigen Tagen das einzige Lebensmittel seiner Zeit!

Zurück zum Salat. Aus Bohnen, verhältnismäßig erfolgreich anzubauen, wurde dann so ziemlich der einzige Salat, der im Winter am Hohen Meißner alle 14 Tage auf den Tisch kam. Er gehörte zum frühen Schlachtessen wie die Frikadellen. Ein köstliches Mittaggericht. Das Schwein wurde stets gleich morgens abgestochen. Sobald es - die einzelnen Schlachteprozeduren will ich hier verschweigen - geöffnet am Haken hing, wurde ein Stück Fleisch herausgeschnitten, sozusagen noch warm und durch den Wolf gedreht. Dem Trichinenbeschauer, der erst etwas später erschien, war das nicht so ganz recht, auch wenn der Schwager beteuerte, dass vorher keine Frikadelle gegessen wurde. Heute kommt der Tierarzt und begutachtet das geschlachtete Tier. „Der kommt, wann er will", habe ich noch im Ohr. Das heißt, heute wird das Füttern eines Schweines und Hausschlachten wohl bald ganz vorbei sein. Ein Schwein füttern ist nicht ganz richtig: Der Bauer hat stets zwei Schweine im Stall. Der Futterneid lässt sie besser fressen. Ob es bei den Menschen ähnlich ist, will ich hier nicht fragen.

Übrigens, auch Sellerie und Möhren gekocht, mit Zwiebeln und Apfel angereichert, ergeben einen sehr wohlschmeckenden, etwas gewöhnungsbedürftigen Salat. Vom Rotkrautsalat, mühsam zu schneiden, war seinerzeit stets zu wenig auf dem Tisch. Er wurde zugeteilt. Der frische Krautsalat auf der Laugenalm in Südtirol, nach mehr als vier Stunden am Berg, ist einfach köstlich. Die eigene Herstellung gelingt nicht besonders.

Wenn hier in der Rheinebene beim Hobbygärtner der Salat wegen längerer Trockenperiode längst schlapp gemacht hat, sind in den Bergen, regelrecht fast oben in den Bergen, noch immer Gärten zu finden mit vielen grünen Salatköpfen. Sie fangen ja später im Jahr an und diese Bergbauern, vor allem die an der Nordseite der Alpen, haben reichlich Wasser.

Für den Spätsommer gibt es noch das Endivien. Besser vielleicht die Endivie? Pflanzen kaufen oder säen, beides ist möglich. Er gedeiht läuse- und schneckenfrei. Doch schneiden Sie den schönen Endivienkopf dann ab, gibt es die Überraschung. Der Strunk ist durch und durch von Maden durchlöchert. Die Pflanzen sind also mindestens einmal zu behandeln. Wollen Sie möglichst helle, bitterstofffreie Blätter, ist zu bleichen. Der Kopf ist bei trockenem Wetter einfach oben zuzubinden. Es gibt dann mehr helle, gelbe Blätter im Inneren. Doch ist der Gärtner im August unterwegs und auch im Oktober nicht pflichtgemäß in seinem Garten, lohnt Endivien nicht.

An die ewige Zwiebel kommen sie nur, wenn sie jemanden kennen, der sie im Garten hat.

Bild 12: Die ewige Zwiebel

Alltägliches – Kartoffeln

Kann der Hobbygärtner über die Kartoffeln überhaupt viel sagen? Fast jeden Tag kommen sie bei uns auf den Tisch. Doch das ist wohl auch nichts Neues. So will ich damit anfangen, wie der Heinz sie eines Tages im Herbst wieder ausgegabelt hat. Beim Heumachen, dann auch im Laufe des Sommers kam die Bäuerin immer wieder auf den Jungen zu sprechen: „Wo wird er jetzt sein? Was macht er jetzt? Geht es ihm gut?" Minner, so hieß die Bäuerin ihren Mann, hat stets dazu ein wenig unwillig gebrummt. Ich dachte auch, in diesem friedlichen, weltabgeschiedenen Dorf, wie kann man sich da dauernd Gedanken machen über jemanden, der gar nicht da ist.

Doch in der guten Stube hatte das Bild vom Otto bereits einen schwarzen Rand. Der Heinz, noch keine zwanzig Jahre, vielleicht siebzehn, war am Westwall. Und der Gustav war irgendwo unterwegs, da wo es nicht so gefährlich sein sollte. Mit einem gelähmten Arm kam er zurück.

Doch dann war der Heinz plötzlich wieder da. Der Heinz gabelte die Kartoffeln dreimal so schnell aus wie der alte Bauer. Er war aber auch leicht aufbrausend und ich war dann immer wieder angenehm überrascht, wie freundlich er mir erklärte, wie das Kartoffelkraut abzuschlagen war, zeigte wo es hingehörte, welche Größe Kartoffeln zu den guten Kartoffeln gehörte und welche zu den Schwienekatuffeln mussten, dass ich keinesfalls zu schwere Säcke oder Körbe tragen sollte usw.

Dann nachmittags stellte der Bauer einen dritten Korb aufs Feld: „Wir brauchen auch Setzkartoffeln!" Kurz, drei Jahre gewann der Bauer eigene Saatkartoffeln, dann mussten Neue her. Es bestand die Gefahr des Ausartens und damit der Ertragsminderung.

Im Vergleich zu den großen Feldern hier unten in der Rheinebene oder gar denen da oben im norddeutschen Flachland waren die Felder sehr klein, fast so wie ein wenig Garten. Es kommt da auf die Perspektive an. Eineinhalb Acker hatte das Kartoffelfeld vielleicht. Und die Kartoffeln kamen ja dann auch nicht zum Großmarkt, sie wurden am späten Nachmittag aufgeladen und zum Hof gefahren. Die Säcke wurden im engen Hauskeller geleert.

Diese Kartoffeln hatten für Mensch und Tier zu reichen, bis es im nächsten Jahr wieder neue gab. Neben den Menschen waren die Schweine vor allem die Hauptabnehmer. Für die Schweine wurden sie noch auf dem Herd in der Küche gekocht. Mit Getreideschrot angereichert gab es dann so auf Umwegen Wurst und Speck.

Doch auch für den Hofhund musste mittags etwas übrig bleiben. Kartoffeln und sonstige Reste waren sein Hauptfutter. Die Katze hatte eine Schale unter dem Küchenherd. Ihre Kartoffel wurde stets mit etwas Milch angereichert.

Eineinhalb Acker Kartoffeln - wieviel mag das in Quadratmetern sein? Vier Acker wurden dort für einen Hektar gerechnet. Das ist wohl in vielen Gegenden etwas unterschiedlich, wenn Acker überhaupt ein Flächenmaß ist. Zur Zeit wird die Größe von Flächen oft in Fußballfeldern angegeben. Wohl aus dem Grund, dass die Menschen eine Vorstellung von der Größe bekommen. Doch ist es schon ein Unterschied ob das Fußballfeld auf dem Bildschirm angesehen wird oder ob es beim Fünftausendmeterlauf mehrfach zu umrunden ist.

War die Kartoffelernte etwas dürftig ausgefallen wurde schon im November überlegt, ob die Schweine nicht schon gleich vor Weihnachten geschlachtet werden sollten oder ob sie bis Ende Februar noch zu füttern waren. Auch die anderen Vorräte waren nicht jedes Jahr in ausreichenden Mengen vorhanden. Ich selbst habe schon den Kühen mit gehäckseltem Stroh angereichertes Heu aufgeschüttet. Dann hat der Bauer täglich auf die Wiese geschaut, ob es da nicht bald etwas zu mähen gäbe.

Keine Milch, dann keine Butter und kein Käse! Da wurde jede Woche für das, was da so gebraucht wurde, ein Zettel ausgefüllt, und dann gab es Butter und Käse am nächsten Tag aus der Molkerei. In einem halben Pappkarton wurde diese Ware jeweils angeliefert bzw. war unten im Dorf an der Milchbank abzuholen. Sie wurde dann gegen die abgelieferte Milch von der Molkerei aufgerechnet.

Hatten Sie denn überhaupt Geld? Ich hatte mit zehn Jahren ganz bestimmt keines. Wozu auch? Mit zwanzig hatte ich nur ganz, ganz wenig. Mit vierzig und drei Kindern habe ich bei den Kosten für Wohnung, Ernährung, Bergbahnen und –führern in der Schweiz ein wenig neidvoll gedacht, wer mehr Geld hat als ich, kommt auch auf mehr Berge. Mit achtzig kann ich sagen, das war ein Irrtum! Mit ein wenig Unternehmungsgeist geht es auf viele Berge. Da ist es wie mit dem Löwenzahn im Garten, den man einfach ausreißen muss; sieht man den Berg, hat es hinaufzugehen.

Da habe ich oben den Heinz als leicht aufbrausend genannt. Da hatte ich mir ein falsches Bild gemacht. Vom Westwall war er mit vielen neuen Erkenntnissen, besser Lebenserfahrungen, zurückgekommen. Er hatte den Ortsvorsteher (Oder war er Bürgermeister?), statt mit Heil Hitler nur noch mit „Tach" gegrüßt. Er wurde von diesem gleich zur Rede gestellt. Als Heinz kein Einsehen zeigte, hat der Ortsvorsteher wohl nach ihm geschlagen. Zuhause in der Küche gerieten dann Vater und Sohn aneinander. Der Alte, beschwichtigend um jeden Preis: „Wir können es nicht ändern, wir brauchen Frieden im Dorf." Heinz wollte die Welt verändern.

Auch der Dorflehrer in dieser 300-Seelengemeinde bestand auf diesem Gruß. Als die Amerikaner dann durch waren, zumindest weit und breit keine zu sehen waren, meinte ich es besonders gut zu machen, wenn ich wieder den Arm hochheben würde. Richtig höflich und leise hat er mich zu sich gerufen und mir erklärt, dass diese Zeiten jetzt vorbei seien. Er stand da auch schon ohne seinen Stock im Garten. Der Schulmeistergarten war der erste Garten im Dorf, der dann verwilderte.

Über die abgeernteten Felder gingen dann noch die Sudetendeutschen und klaubten die nach einem Regen freigespülten Erdäpfel auf.

Draußen sein ist nicht alles, die Heimat bleibt auch die Heimat. Da müssen also jedes Jahr aus Nordhessen sechsmal 12,5 Kilo Kartoffeln, trotz Quarta aus der Pfalz, hier in die Rheinebene importiert werden. Dabei fiel mir ein: Wie werden diese Saat- oder Pflanzkartoffeln gezüchtet? Stets kleinere Exemplare auslesen geht also nur drei Jahre lang. Dann arten sie aus. Es gibt weniger Ertrag. Der Schwiegersohn, seinerzeit noch Besitzer von ein wenig Land am Hohen Meißner, konnte es mir auch nicht sagen. Ich stellte der Bäuerin in Baunatal, von der ich meine Kartoffeln bezog, eines Tages diese Frage. Sie wusste es nicht. „Mein Mann ist Agraringenieur", sagte sie, „ihn werde ich fragen." So hatte ich dann ein Jahr auf ihre Antwort zu warten. Da sie mir im nächsten Jahr die Frage auch nicht beantworten konnte, erlaube ich mir jetzt die kleine Unverschämtheit zu behaupten, sie weiß auch nicht, wie Ingenieur geschrieben wird. Ist aber auch ein gemeines Wort. Ehrlich, ich hatte auch das Netz zu bemühen. Da ich hier nicht alles verraten will: „Versuchen Sie selbst herauszufinden, wie Pflanzkartoffeln gezüchtet werden."

In meinem Garten gedeihen jetzt zwei große Beete Quarta. Ab Juli bis Weihnachten gibt es so die eigenen Kartoffeln. Die Quarta, vorwiegend festkochend, hat gegenüber der Acapella-Frühkartoffel den Vorteil, dass die neuen Kartoffeln recht eng um die Pflanzkartoffel herumwachsen und beim Ausgabeln weniger durch den Hobbygärtner angestochen werden. Der Ertrag ist gleich gut.

Doch wer glaubt, im zeitigen Frühjahr ein Loch graben, Saatkartoffel rein und dann im Herbst viele Kartoffeln nachhause tragen, der irrt. Anwendung bei Befall, stand auf der Gebrauchsanweisung eines Antipilzmittels. Doch dann ist es bereits viel zu spät. Fast über Nacht stirbt das gesamte Kartoffelkraut ab. Es gibt kaum Kartoffeln zu ernten. Wenigstens einmal, wenn das Kraut etwas 25 Zentimeter hoch ist, sollten sie ihre Kartoffeln vorbeugend spritzen. In manchen Jahren gibt es auch keinen Pilz. Doch wie soll der Gärtner das herausfinden? Auch die Tomaten standen schon bis zum ersten Frost im Oktober völlig unbehandelt auf den Beeten. Jetzt fallen mitunter bereits nach ein paar Tagen die ersten Pflanzen dem Pilz zum Opfer. Die Tomatenpflanzen auf dem Markt in Bellinzona waren seinerzeit schon weiß gespritzt.

Nun kommt die Miete ins Spiel. Pacht heißt es doch wohl bei Landvermietung. Irrig. Die vielen Kartoffeln gleich in den geheizten Keller? Dann werden sie nicht lange ansehnlich bleiben. Die Möhren haben mich darauf gebracht. Mitunter gab es doch so viele, dass sie nicht alle gleich verbraucht werden konnten. So habe ich einem kleinen Eimer den Boden abgeschnitten, ihn ein wenig eingegraben, die Möhren hinein und mit einem Holzdeckel zugedeckt. Ein ganzes Rudel Mäuse sprang dann eines Tages da heraus.

So gibt es jetzt eine Miete in meinem Garten hier am Rande des Odenwaldes. Miete: „Winterfester Aufbewahrungsort für Feldfrüchte", habe ich mir gemerkt.

Da habe ich gleich noch so einen Merksatz: „Die Blümlisalp, ist neben der Jungfrau das schönste Firnmassiv der Berner Alpen." Wer einmal oben war, behält es. Nachdem der liederliche Sohn der Älplerin verflucht worden war, wuchs hier oben nichts mehr. Es gibt noch eine zweite Begründung für die Unfruchtbarkeit dieses Gebietes: Die Blümlisalp ist etwa 3600 Meter hoch.

Für die große Menge an Futterrüben - sie waren frostfrei zu lagern - waren die Keller unter dem Bauernhaus zu klein. Ein großer Teil wurde draußen im Feld in einer Miete gelagert. Kurz: Ein Erdaushub, dann die Rüben hinein, mit einer dicken Strohschicht und mit viel Erde bedecken. Mit Ernte und Anfahren eine gute Woche Arbeit. Schwere Arbeit: Zwei Kühe zogen den Wagen, jede Rübe war von Hand erst auf- und dann abzuladen.

Kühe und Stroh rufen noch eine andere Erinnerung wach. Beim Getreide einfahren, der Wagen war bis an die Rungen bereits beladen, holte uns zwei, die wir oben mit dem Abnehmen der Garben und dem Stapeln beschäftigt waren, der Blitz von den Füßen. Der Bauer, der vorn unter dem Wagen stand, hatte nur den mächtigen Donner mitbekommen. Eine Kuh wollte nicht mehr aufstehen. Sie wurde dann später mit den Beinen nach oben ins Dorf zurückgefahren.

Meine Miete ist vielleicht 80 cm x 100 cm breit und 100 cm tief, oben ein Holzrahmen, unten und rundherum ist sie mit Maschendraht ausgekleidet. Dazu zwei Holzdeckel, die mit kleinem Abstand aufgesetzt werden. Ganz einfach, sehr wirkungsvoll. Bis Mitte Mai halten sich hier die Kartoffeln. Dann haben sie allerdings schon ein wenig gekeimt. Doch waren sie stets noch besser als die neuen Gekauften. Bei strengem, anhaltenden Frost kommen direkt auf die Kartoffeln und zwischen die Doppeldeckel noch ein paar Teppichreste. Beachten! Bei milder Witterung hin und wieder die Miete lüften. Ein Zentner Kartoffeln ist da unterzubringen.

So muss der Gärtner auch an Wintertagen immer wieder hinaus und kann etwas von seiner Ernte heimtragen. Zusatz: Bei strengem Frost die Miete nicht öffnen.

Ferner habe ich noch gehört, dass die Kartoffel das einzige Nahrungsmittel ist, von dem sich der Mensch über einen längeren Zeitraum ernähren kann, ohne dass der Körper Mangelerscheinungen hat. Ist das wirklich so? Dann Skorbut ade?

Nochmal Kartoffeln: An was sich die Menschen in Notzeiten so alles erinnern. Stärke war auf recht einfache Weise zu gewinnen: Kartoffeln schälen und reiben, in einem Tuch fest ausdrücken und das Wasser einfach stehen lassen. Die Stärke, eine weiße Schicht, setzte sich untern ab. Wozu wurde sie verwendet? Zum Andicken von Soßen oder als Wäschesteife?

Kartoffeln in Amerika: Da haben wir tatsächlich seinerzeit gedacht, in den Staaten fließen nur Milch und Honig. Da gibt es noch nicht einmal „gescheite Kartoffeln", hat die Cousine berichtet, nur Süßkartoffeln. Da sie auch einen Garten hatte, habe ich den Import von Saatkartoffeln angeregt. Doch solch eine Einfuhr in die Staaten wäre arg schwierig, wenn nicht gar unmöglich gewesen.

Beim Mittagessen, von der Mutter gekocht, mit Cousine Marianne und Jack, Rouladen und Rotkraut, erfuhr ich dann, dass die Deutschen von den amerikanischen Soldaten die „Krauts" genannt wurden. Doch das hatte dann wohl nichts mit Gemüse zu tun.

Unsere Schweizer Hauswirtin führte, sehr zu unserem Erstaunen, Klage über Kartoffeln. „Mein Mann verträgt nur diesen Kartoffelstock (Kartoffelpüree, Kartoffelbrei, Stampfkartoffeln) aus der Tüte. Bereite ich ihn aus frischen Kartoffeln zu, bekommt er Magenschmerzen." Nachdem ich den Kartoffelstock aus der Tüte auch einmal probiert habe, im Nachhinein sehr zur Missbilligung der Ehefrau, kann ich sagen, auf jeden Fall ist Püree aus der Tüte einfacher zuzubereiten.

Kartoffelallergie soll sehr selten vorkommen. Ausgerechnet eine meiner Töchter meint, davon betroffen zu sein. Da ich mir ein Leben ohne Kartoffeln gar nicht vorstellen kann, versuche ich sie hin und wieder zu überreden, doch einen Versuch zu wagen. Doch aus Vorsicht vor den Tücken einer Allergie, wann kommt sie, wie kommt sie, wie werde ich sie wieder los, bleibt sie beim Brot zum Kotelett.

Die gute Frau Nachbarin hatte gemerkt, dass wir die Kartoffeln nicht pfundweise zu kaufen brauchten, sondern stets einen Vorrat im Keller hatten. So kaufte sie, um nun auch stets einen ausreichenden Vorrat zu haben, eine größere Menge gewaschener Kartoffeln. Schnell waren diese Kartoffeln unansehnlich. Gewaschene Kartoffeln halten nicht besonders lange, sie sind für die baldige Verarbeitung gedacht.

Ist die Kartoffel heute noch wegzudenken? Diese knusprigen Pommes frites, die duftenden Bratkartoffeln, für die Schweizer das köstliche Röschti? Obwohl, Bratkartoffeln und Rösti sind aus unserer Sicht ja mehr ein Resteessen. Die übrig gebliebenen Kartoffeln werden nicht weggeworfen, sie werden abends gebraten.

Da die jungen Mieter unter uns gerade aus Ägypten mit einer Mordsmagenverstimmung zurückkommen - einer musste sogar im Krankenhaus behandelt werden - will ich darauf hinweisen, zwei oder dreimal Rösti genossen, vierzehn Tage Ski alpin, Langlauf auf prächtig gespurten Loipen auf der Engstligenalp im Berner Oberland und ein paar ausgedehnte Winterspaziergänge, dann kommen Sie mit aufgeladener Batterie und prächtiger Kondition aus den Bergen zurück. Das hält locker bis zum Sommerurlaub vor. Dieses Rösti gibt es nur dort, wo sie mit der deutschen Sprache so grausig umgehen.

Heiße Kartoffeln, in ein Tuch eingeschlagen, sollen bei Gliederschmerzen helfen. Sogar das Wort Kartoffelschnaps habe ich schon gehört. Doch an die köstlichen Kartoffelpuffer will ich noch erinnern. Heute mit Apfelbrei serviert, gab es sie früher mit Heidelbeeren. Heidelbeeren, die in einer Tagestour am Hohen Meißner mühsam geerntet wurden.

Wann können im Frühjahr die ersten Kartoffeln gesetzt werden? Möglichst früh im Jahr will der Gärtner ja neue Kartoffeln haben. Ende Februar werden in der Nähe von Frankfurt schon die ersten Kartoffeln gesetzt, habe ich vernommen. Doch wie trotzen sie den Frostnächten?

Ich hatte gleich im März 2017, als der Frost aus der Erde war, die ersten Kartoffeln gepflanzt. Anfang April war das Kraut schon da! Doch dann war eine heftige Frostnacht angekündigt. Ich habe sie mit einem dünnen Netz zugedeckt. Doch gleich am nächsten Morgen war das Kartoffelkraut schon schwarz: Erfroren! Etwas dickerer Vlies hätte vielleicht besser geschützt. Doch was soll so ein Gärtner nicht alles haben? Immerhin, die Kartoffeln haben sich erholt und es gab in diesem Jahr eine gute Kartoffelernte.

Noch mehr Kartoffeln! Zum dreizehnten Geburtstag habe ich dem Enkelbuben eine Geburtstagskarte gefertigt mit dem Text „Gutschein für fünf Stauden Kartoffeln am Schmellenberg". Der gute Bube, da irgendwie vom Sezieren eines Kükens in der Schule geschockt, wurde Vegetarier. Aber ob er jetzt im Garten erschienen ist, um diese guten Kartoffeln bei Sonnenschein auszugraben? Mit 13 Jahren hat man auf so etwas keinen Bock.

Eine sehr bewährter, winterfester Aufbewahrungsort für Feldfrüchte.

Bild 13: Miete

Tomaten

Allein die Tomaten lohnen die Arbeit im Garten. Wenn ich nichts anbauen würde, Tomaten würden gezogen. Die im Freien gewachsene und gereifte Tomate hebt sich, wie inzwischen wohl jeder weiß, vom Geschmack der im Supermarkt erstandenen Tomaten erheblich ab. Zugegeben, manchmal kann man jetzt auch schon Glück haben und bekommt welche „mit etwas Geschmack".

Die Sortenvielfalt ist inzwischen enorm. Von Größe und Form einmal abgesehen gibt es rote, gelbe, braune, lilafarbene und sogar Tomaten, die reif werden und dabei grün bleiben. Das hätten die Bauern auf dem Dorf sich früher nicht vorstellen können. Einige Sorten habe ich schon ausprobiert. Dabei gilt es, die herauszufinden, die resistent gegen die Krautfäule sind. Gleich vorweg: Absolut resistent gibt es nicht. Auch die Kartoffel Granola hatte ich wegen der Angabe „ziemlich resistent" gepflanzt. Das gesamte Beet ist ein Jahr durch die Krautfäule völlig vernichtet worden. Der Sauerkirschbaum, eine neue Sorte, „ziemlich resistent", den ich an Stelle einer Schattenmorelle erstanden habe, hatte ziemlich mickrige Kirschen und wurde nach vier Jahren von der Monilia, auch eine Pilzkrankheit, geholt.

Meine Tomaten werden auf der Fensterbank vorgezogen. So beginnt mein Gartenjahr recht früh. Allerdings erst einmal drinnen. Der Samen wurde im Herbst selbst gewonnen. Eine einfache Sache. Die Kerne einer reifen Tomate auf Küchenpapier verteilen und zum Trocknen aufhängen. Beschriften nicht vergessen. Es gelingt mit allen Tomatensorten.

Die Tomaten sind Ende Februar Anfang März in Blumenkästen auszusäen. In einen Blumenkasten von etwa 60 Zentimetern passen etwa zwölf Pflanzen in Doppelreihe. Soll der Wurzelballen beim Auspflanzen nicht arg beschädigt werden, kann ein Pappgerippe in den Kasten gebastelt werden. Bei günstiger Witterung Tomaten zum Abhärten auf den Balkon stellen!

Bevor ich Mitte Mai in die Berge fahre, sind die Tomaten ausgepflanzt. Entgegen dem Vorsatz maximal 30 Stöcke zu ziehen, sind es meist mehr als vierzig. Wer mag schon überzählige Pflanzen einfach wegwerfen? Vorbeugend wassersparend sind meine Tomatenstöcke entweder mit Schwarzfolie abgedeckt oder mit einer Mulchdecke, meist Rasenschnitt, versehen.

Im Mai in die Berge kostet Überwindung. Bei uns ist nun endlich wieder alles grün, alles im Garten bekommt den Hauptwachstumsschub, da könnte, da sollte der gute Gärtner einfach zuhause bleiben.

Die Schwiegertochter nimmt sich dann ein wenig meiner jungen Tomatenpflanzen an. Sie wachsen im Mai schnell und sind alle paar Tage neu anzubinden. Dazu ist bei trockenem Wetter zu gießen. Sie wären auch noch zu entgeizen, d.h. die Seitentriebe in den Blattachseln wären zu entfernen. Doch bei meinen vielen Stöcken ist das ihr kaum zuzumuten. Komme ich nach 14 Tagen aus den Bergen zurück, ist aus jedem Tomatenstock fast ein Tomatenbusch geworden.

Manche Sorten lasse ich dann ziemlich darauf loswachsen, wie die argentinische Wildtomate, eine kleinere sehr wohlschmeckende Tomate. Es gibt dann sozusagen überall Früchte. Und insgesamt Ende Juli eine Tomatenschwemme. Ich liebe Nudeln und Tomatensoße. „Das wird mein Mann auch essen“, meinte die Campingnachbarin, „aber was gibt es dann weiter?“, wird er fragen.

Der Überschuss wird zu Tomatenpüree verarbeitet und eingefroren. Eine Portion davon wird den Gulasch sehr aufwerten. Die Gemüsesuppe bekommt dadurch ihren letzten Pfiff.

Was erwartet den Gärtner, wenn er Ende Oktober aus Südtirol zurückkommt? Nur wenn er Glück hat, gibt es jetzt noch ein paar Tomaten zu ernten. Hat es Mitte Oktober Frost gehabt, sind sie sowieso alle dahin. Mitunter hat aber auch die Krautfäule alle Pflanzen geholt. Dabei hatte ich ein paar Jahre lang noch den ganzen Monat November Tomaten. Dunkel und warm gelagert, dazu einen Apfel oder zwei, und die grün gepflückten Tomaten reifen dann allmählich nach. Das Abräumen der Tomatenstöcke ist gleich wieder eine gute Freizeitbeschäftigung unter dem blauen Oktoberhimmel.

Noch aktuell zu den Tomaten: Vor Tagen hatte die Ehefrau bei der Besichtigung meiner Tomatenstöcke beanstandet: „Du hast ja nur kleine Tomaten.“ Gerade blickt sie den Balkon hinunter und sagt neidvoll: „Der Herr Nachbar hier hat Tomaten fast so groß wie

Kinderköpfe. Warum hast du nicht solche?" Als der Herr plötzlich erscheint und meint: „So gar viel Aroma haben diese Dicken nicht und sie werden ganz schnell innen faul", wird die Frau nicht vor Neid blass, sondern der Neid verblasst. Meine Gartenehre war wieder hergestellt.

Reiche Ernte

Bild 14a: Herrlich rote, wohlschmeckende Tomaten
Diese Vielfalt gelingt nicht jedes Jahr

Bild 14b: Tomatensortiment

Weitere Gemüse

Gehört Rhabarber dazu? Hat ein Bücherschreiber jede Aussage zu recherchieren? Darf er dem Leser auch etwas zum Nachdenken oder Widerspruch überlassen? „Nachschlagen" ist dank Netz sehr einfach geworden. Außer bei uns: Mit etwa zwanzig Büchern gab es seinerzeit im ganzen Dorf kaum ein weiteres Buch. Das Einzige, das mir noch in Erinnerung ist, war so eine Art Jahrbuch mit Kalendergeschichten. Dazu noch das Schullesebuch mit den alten Balladen: Der Erlkönig, Des Sängers Fluch, halt der Ribbecksche Birnbaum und Das Lied von der Glocke. Zu unserem großen Schreck hatten wir es aufzuschlagen und wir meinten, der Lehrer hätte etwas von auswendig lernen von sich gegeben. Das Gesangbuch gehörte allerdings in mehrfachen Ausfertigungen zum Haushalt, zur Familie.

Obwohl es noch keine Fernsehköche gab, war ein Kochbuch überflüssig. Die Zutaten wechselnden mit den Jahreszeiten. Das Kochbuch, das jetzt in unserem Schrank steht, hielt ich eigentlich für ziemlich up to date. Alles was ich suchte, habe ich darin gefunden. Ich habe der Frau gegenüber noch behauptet: „Wir brauchen kein Neues, da steht alles darinnen." Stutzig wurde ich erst, als ich nach dem Gurkeneinmachrezept suchte, dass unter Konservierung zu finden war: Kochbuchzitat: „ … als neueste Art ist die Tiefkühlung getreten, die in Amerika auch im Durchschnittshaushalt schon weit verbreitet ist". Doch Hefeteig bleibt Hefeteig.

Eine Staude Riesenrhabarber habe ich von einem Kollegen bekommen. Er gibt tatsächlich sehr kräftige Stiele. Dieses Jahr kümmerte er. Auch die im Obsthof angebotenen Stiele sahen kümmerlich aus. Regen gab es genug. Was hat den Rhabarber am Wachstum gehindert?

Rhabarber motzt die Erdbeermarmelade mächtig auf! Schreibe ich Meerrettich, hätte ich ganz gern, dass der Bastian Sick hinter mir steht. Nein, das ist dumm. Ein einzelnes Wort ist einfach nachzuschlagen, bei diesen zusammengesetzten Wörtern ist das schon schwieriger. Was früher einfach war, ist jetzt kompliziert geworden – zumindest aus meiner Sicht. Bei der Erwähnung des Herrn Sick fällt mir gleich der Dr. Kleist ein. „Wegen regiert den zweiten Fall", hatte der Lehrer Dr. Kleist seinerzeit bei der Erwachsenenbildung gesagt. Nun meint der Herr Sick, der Dativ übernimmt das. „Wegen dem", sagen die Kasseläner schon immer.

Meerrettich wächst wild im Garten. Wird er gedüngt, da reicht Kalkammonsalpeter, schon gibt es kräftige Stangen - oder Wurzeln? Die Wurzeln des Meerrettich heißen ja Fechser. Höchstens einmal im Jahr schafft er es in unsere Küche. Mitunter aber auch als Würze in den Frischkäse. Stets sollen die Stangen, die da unten bei Baden-Baden angebaut werden, besser sein, höre ich dann vom Herd.

Der Anbau von Roten Beeten wurde auch schon versucht. Trotz des festen Vorsatzes, die aus dem eigenen Garten als wohlschmeckend zu empfinden, haben sie sich nicht durchgesetzt. Im früher selbst hergestellten Heringssalat waren sie neben etwas Apfel und den sauren Gurken einfach notwendig. Wer macht das heute noch?

Zucchini und Kürbis breiten sich jetzt im August mächtig in meinem Garten aus. Auf Kürbis wollte ich eigentlich verzichten, da in meinem Haushalt dafür keine Verwendung ist. Doch als Gärtner „verschrieen" habe ich einen Adventkalender bekommen, der statt Schokolade und Pralinen Samenkästchen enthielt. Wer kommt auf die Idee, so etwas herzustellen? Wer findet das dann auch noch zum Verschenken? So habe ich, musste ich, Zucchini und Kürbisse säen. Die Zucchini haben keine Feinde. Selbst für die Schnecken sind sie zu groß und wachsen schnell. Trockenheit bekommt der Pflanze nicht. Wollen Sie welche ernten heißt das bei Trockenheit: gießen, gießen. Zwei Pflanzen produzieren bald mehr Früchte als der Haushalt braucht. Sie werden sehr groß und könnten eventuell zu Halloween verwendet werden.

Die Ernte von Speisekürbissen hier erstaunt mich. Große Mengen werden in lorenartigen Wagen vom Feld gekarrt. Alles für die Kürbissuppe? Kaum vorstellbar. Übrigens ziehe ich da auch die Zwiebelsuppe vor. Was geschieht bloß mit diesen Kürbismengen? Meinen Vorschlag, meine Bitte, aus dem jetzt im Garten entstehenden Sweet Dumpling nach einem Internetrezept ein Mahl zu bereiten, hat „die beste Ehefrau von allen" strikt abgelehnt. Zur Zierde liegt jetzt einer auf dem Wohnzimmertisch.

Leicht zu erkennen, dass diese Sachen da nicht nur zu
Dekorationszwecken herumstehen.

Bild 15: Gute Ernte

Kraut/Kohl

Hier sind jetzt nicht die Krauts (crowds), die Deutschen, sondern das Kraut gemeint. Da oben in Nordhessen heißt der Kohl einfach Kraut. Kohl im Garten gelingt erstaunlich gut. Mit Wirsing, Rotkraut, Blumenkohl und Brokoli, besser Brokkoli, hatte ich schon Glück. Gewisse Grundregeln sind schon einzuhalten. Jedes Jahr einen neuen Platz, empfohlene Abstände einhalten, etwas Dünger wie Blaukorn, gießen, wenn notwendig und vor allem ein feinmaschiges Netz über alle Pflanzen. Die zwei einzigen hier an der Bergstraße noch lebenden Kohlweißlinge finden sonst sicher meine Kohlpflanzen und werden da ihre Eier ablegen. Selbst den Admiral habe ich hier schon dicht über den Rotkrautköpfen kreisen sehen.

Pflanzen Sie nicht zu viel. Rechnen sie bei zwei Pflanzensechserpacks von Blumenkohl mit einem Ausfall von 25 Prozent. Zwei Pflanzen werden oberirdisch von den Schnecken abgefressen, zwei unterirdisch von den Engerlingen und zwei gehen durch die ungeschickten Hände des Gärtners verloren. Waren das jetzt 25 Prozent? Dann haben sie immer noch sieben große Blumenkohlköpfe auf einmal. Die beste Ehefrau weiß dann nicht, wohin damit. Merken Sie, dass Überfluss auch schnell zum Problem wird, zum Nachdenken zwingt?

Dieser Spruch, dass der dümmste Bauer die dicksten Kartoffeln hat, ist völlig aus der Luft gegriffen. Sie haben es sicher bereits selbst anhand meiner Schilderungen gemerkt. Schon im Winter hat der Obstbauer wachsam zu sein. Als ich im Juni die in seiner Einfahrt stehenden Pfirsichbäume, an denen nicht eine Spur der Kräuselkrankheit zu erkennen war, lobte, hörte ich gleich: „Selbst im Januar liest mein Mann jeden morgen gegen fünf Uhr das Thermometer ab und wenn es über acht Grad sind steht er auf und spritzt die Bäume."

Der Kohlrabianbau ist zu empfehlen. Sie wachsen schneller als man gucken kann. Sie sind so ein ganz frühes Gemüse. Für alles gilt, unter Bäumen wächst nichts.

Wirsing, Kohlrabi, Bohnen, Brokkoli und Blumenkohl ersetzen bei uns stets, ehrlicherweise meist, wenn Schnitzel hier als Sammelbegriff für Braten und ähnliches verwendet wird, das Schnitzel. Blatt-, Gurken- oder Tomatensalat dazu und Sie haben ein köstliches Gericht.

Nur mit dem Weißkraut allein ist nichts anzufangen. Die Herstellung von Sauerkraut ist besser Hengstenberg zu überlassen. Obwohl, obwohl, vor vielen, vielen Jahren stand das Fass Sauerkraut noch bei der Schwiegermutter im Keller. Selbst produziert und wohlschmeckend. Eine unerklärliche Besonderheit: Bei Vollmond stand eine gute Schicht Wasser auf dem Holzdeckel, bei Neumond war selbst das Kraut im Fass völlig trocken.

Für die Verwendung des Weißkrauts in der Küche bleibt das Gemisch: Krautshäuptchen, Krautroulade, gefülltes Kraut, da gibt es sicher viele Variationen. Die Muskatnuss nicht vergessen!

So habe ich mich einmal dem Griff des Gartens entzogen und bin nach Marburg gereist, um mich dort im Cafe´ bei einem Stück Käsesahnetorte zu erholen. „Heute gibt es gefülltes Kraut", sagt gleich die Tochter. „Ein gutes Gericht", antwortete ich. „Das Kraut ist schon abgekocht, das Gehackte ist im Kühlschrank, da liegen Brötchen, Zwiebeln und Kartoffeln sind unten in der Betriebsküche." Mein Protest, dass ich zwar weiß was das ist, doch noch nie gefülltes Kraut zubereitet habe, wird mit den Worten abgetan: „Du schaffst das schon. Es sind wir vier, ihr zwei und die Schwiegereltern kommen auch. Um eins wollen wir essen."

Allein der Berg Kartoffeln, der für acht Leute zu schälen ist, war eine Zumutung für mich als Gast. Doch es gab pünktlich leckeres Gefülltes Kraut. Besonders Lob erhielt ich dafür, dass das Gefüllte Kraut so schön locker war. Ich hatte vergessen, diese Brötchen nach dem Einweichen kräftig auszudrücken.

Die Erbsen hätte ich bald vergessen. Doch irgendwo muss man aufhören. Ein paar gab es ab und zu schon. Wer hat schon einmal eine zuckersüße Erbse aus der Schote gegessen? Frisch geerntete Erbsen können beim Gemüsebauern erstanden werden. Sie sind noch am gleichen Tag richtig vorbereitet in der Gefriertruhe einzulagern, sonst werden sie sauer! Ein ähnliches Schicksal kann die Erbsensuppe am zweiten Tag ereilen: Bei Gewitterwetter kann auch sie kippen.

Mit Zucchini solo ist nicht viel anzufangen. Sie geben allein nichts her. So müssen sie für den Auflauf herhalten. Gehacktes, in der Rheinebene Mett, Zwiebeln, Zucchini, Tomaten im Backofen mit Käse

Das dauert schon, bis die erste Gurke sich zeigt.

Bild 16: Gurke, bitter oder genießbar?

überbacken wird ein recht ordentliches Gemisch. Ziemlich zeitaufwendig, kann dann aber auch zwei Tage hintereinander genossen werden. Ein Stück Zucchini mit in den Gurkensalat gerieben soll die Verträglichkeit dieses Salates erhöhen.

An dem Gemisch auf einer Pizza kann ich nicht so rechten Gefallen finden. So gibt es Pizza auch nur, wenn wir einmal in Livigno sind. Nach Livigno kommen wir allerdings nur wegen dieses starken unerklärlichen Triebes in einer Frau, da einzukaufen, wo es etwas günstiger gibt als hier bei uns. Dabei darf ich mich nicht beklagen. Es gibt zwar keine neue Hose, doch darf ich mir dann von der Diavolezza die Bernina anschauen. Merke: Die Bernina ist kein Girl! Das Berninamassiv hat den schönsten Grat der Alpen. Wer da hinaufsteigen will, sollte allerdings mehr mitbringen als nur den Drang, gern draußen zu sein. Ebenfalls empfehlenswert ist es, sie betrachten ihn auch einmal von der St. Moritz-Seite. Sehr beeindruckend! Allerdings sind da gute zwei Stunden aufzusteigen.

Dann gibt es ja auch noch den Rosenkohl. Das werden stets große prächtige Pflanzen, doch lassen sie sich Zeit mit dem Ansetzen von den erwünschten Röschen. Die meisten sind dann klein und unansehnlich, doch gibt es stets soviel zu ernten, dass Rosenkohl, zubereitet mit würzigem Südtiroler Speck, als köstliches Wintergemüse mehrmals auf den Tisch kommt.

Bei diesen Fernsehköchen wird ja auch oft alles gemischt. Jetzt darf man ihnen häufig sogar beim Essen zuschauen. Hoffentlich geht das bald nicht noch weiter. Dann sehen wir auch die Verdauung und - hier will ich abbrechen. Doch „Schubeck auf dem Thron", klingt richtig gut. Dabei sollte sich der Leser aber nichts vorstellen! Möge der gute Herr Schubeck mir das Beispiel hier verzeihen.

Kräuter und Kräutersoße

Ende September bin ich von den Ufern der Etsch zum Meraner Höhenweg hinaufgestiegen. Die Seilbahn im Blick und auch einmal darunter hindurch sind es bis zum Hof Höfle knapp zwei Stunden. Hier stand die ältere Bauersfrau vor dem Rosenstrauch mit einem Bund Petersilie in der Hand. So fragte ich gleich: „Gibt es in den Südtiroler Gärten denn noch mehr Kräuter neben dieser Petersilie?" „Selbstverständlich", war die Antwort, „Schnittlauch, Sauerampfer, Zitronenmelisse gibt es bei uns auch."

Die befremdliche Wortzusammensetzung „grüne Soße" meidend, sagte ich, dass bei uns daraus eine schmackhafte kalte Kräutersoße mit der Hauptzutat Schmand bereitet wird. „Das heißt bei uns Grüne Soße", kam die Antwort. Da war ich doch sehr verblüfft.

So war in Frankfurt gerade Güner-Soßen-Tag. Da prahlen sie vielleicht ´rum mit ihrer Grünen Soße. Die Nordhessen kennen sie schon immer, wage ich zu behaupten. Und die Kernfrage ist nicht, wieviele Kräuter müssen es sein, sondern, was gibt es Gründonnerstag schon im Garten. Ein Treibhaus habe ich, als ich vor dem Hohen Meißner wohnte, weit und breit nicht gesehen.

So liefern also nur die winterharten Stauden die Kräuter für die erste Grüne Soße im Jahr: Schnittlauch, Sauerampfer, Zitronenmelisse, Pimpernelle und mitunter auch ein Stiel einer den harten Winter überlebende Petersilienpflanze. Dabei waren Sauerampfer und Pimpernelle auch nebenan auf der Wiese zu finden. Doch dann sollte da nicht gerade Kunstdünger gestreut worden sein.

Hier im Garten in der Rheinebene gibt es gleich noch einige weitere Kräuter: Knoblauchschnittlauch, die Blätter vom wilden Knoblauch, winterharte Zwiebelblätter, Liebstöckel. Bei Liebstöckel gleich Achtung, stets nur einen ganz kleinen frischen Zweig verwenden, fein hacken und dies dann zwecks guter Untermischung unter die noch zu schneidende Kräuter verteilen. Das Gleiche gilt für ein Blatt Borasche. Gartenkresse kommt auch recht schnell, ist aber auch schnell wieder weg. Fortlaufendes Säen könnte ich empfehlen. Doch neben einsetzender großer Trockenheit gibt es für diesen Gärtner hier noch die Berge, die richtigen Berge, gleich hier unten im Süden. Die feine Würze gibt dann noch der Dill. Sowohl von selbst als auch gesät kommt er allerdings etwas später im Jahr. Einfrieren, sowohl einer kompletten Grüne-Soße-Kräutermischung, wie Dill allein lohnt!

Auch der Schnittlauch lässt den Gärtner schnell im Stich. Entweder er blüht gleich sehr schön oder aber er wächst wegen Trockenheit nicht nach. So gibt es als Ersatz noch die Ewige Zwiebel. Bei einigermaßen günstigen Wetterbedingungen sind hier als Schnittlauchersatz stets einige frische Blätter zu ernten. Gibt es noch mehr Kräuter für die Grüne Soße? Kaum. Doch! Sellerie! Stets werden sechs Pflanzen Sellerie gepflanzt, vor allem für die Kräutersoße. Ein Herzblatt, ein Innenblatt der Selleriepflanze, ergänzt dann die Mischung. Richtige Knollen gibt es nicht. Oft ist es zu lange trocken, und an die Kunstdüngermischung soll Sellerie auch bestimmte Anforderungen stellen.

Hier in der Rheinebene wird auf das Wort Grüne Soße befremdlich reagiert. Da hatte der Sohn mich in den Nachbarort zu einem besondern Gericht, Quarksoße und Folienkartoffeln, eingeladen. Sicher eine gesunde Mahlzeit, doch im Vergleich zur eigenen Grünen Soße ein jämmerliches Essen.

Das Wichtigste habe ich bei diesen Grüne-Soße-Überlegungen beinahe vergessen: Jeden Tag wird so eine Kräutermischung in den ersten Frühjahrs-, Sommermonaten verwendet. Ohne geht es nicht, oder ohne kommt er nicht auf den Tisch, der Blattsalat. Zur Arbeitserleichterung können die Kräuter auch aus dem Froster genommen werden. In Marburg auf dem Markt kostete ein Kopfsalat seinerzeit zwanzig Pfennig. Und so ein Minibund Kräuter zwölf. Stets galt es zu überlegen, ob man diese teuren Kräuter noch dazu kaufen konnte. Wir haben uns immer dafür entschieden!

Was ist mit diesen Kräutern noch anzufangen? Dill oder Borasche (Borretsch) an den Gurkensalat. Petersilie an die Möhren und den Bohnensalat. Bohnenkraut nur an die Bohnensuppe! Viel Dill zum Einkochen in die Gurkengläser.

Dill- und Knoblauchblüten sind dann noch sehr gut für dekorative Zwecke geeignet. Ein paar Stile peppen den Dahlienstrauch prächtig auf. Die Blüte am Knoblauchstiel hat oben so eine Art Zipfelmütze. Mit der Dillblüte können Sie das Wissen des nächsten Besuchs testen. „Riecht nach Gurken", meinte die Enkeltochter. „Ganz heiß", sagte ich.

Fertig mit den Kräutern? Dill hat schnell Läuse, dann nicht verwenden! Sauerampfer wird von Käfern und Schnecken geliebt. Von diesen Käfern sind allerdings nur die Löcher in den Blättern zu sehen. Wahrscheinlich sind sie, wie der Dachs am Rain vor meinem Garten, Nachttiere. Das Rezept dagegen einfach: Bauen Sie ihn an verschiedenen Stellen an.

Das Grüne-Soße-Rezept? Nachdem die Frankfurter damit so viel Radau machen, wird es wohl im Netz zu finden sein. Mit Mayonnaise oder ohne? Da scheiden sich die Geister. Anfangs habe ich behauptet, mit „mit" ist die Soße verdorben. Doch wenn sie so sehr häufig auf den Tisch kommt, möglichst zu den gerade selbst geernteten Kartoffeln, kann sie auch einmal mit „mit" serviert werden.

Auf die gesteckten Zwiebeln ist noch hinzuweisen. Diese Zwiebelblätter geben ebenfalls eine Ergänzung oder gar einen Ersatz für fehlenden Schnittlauch. Die Zwiebeln selbst könnten dann im Dinkelbrot mit verbacken werden. Aber das fällt jetzt aus dem Gartenrahmen.

So bleibt noch der Hinweis auf den Thymian. Der kommt hier in der Verwendung etwas stiefmütterlich weg. Er steht nicht wie das Bohnenkraut getrocknet und in Gläser abgefüllt über dem Küchenherd und wird dadurch beim Zubereiten des Schweinebratens oft vergessen. Dabei fällt er bei der Verwendung gleich zweimal auf. Er ergänzt den Bratenduft in der Küche und gibt dem Braten eine besondere Würze. Das Wachstum von Thymian ist sehr begrenzt. Jegliche Unkräuter überholen ihn.

Kerbel: Ich habe bereits genug Kräuter. Rosmarin: Gibt nichts her. Basilikum: Zu aufdringlich.

Noch zum Schnittlauch: Täglich gießen, dann gibt es bald Neuen. Weit gefehlt! Die Pflanze weiß genau, ob sie nur einen Schluck aus der Gießkanne bekommt, oder ob der Landregen bald einsetzt. Danach wird entschieden, warten oder weiterwachsen.

Salbei soll gegen alles helfen. Mir war ein wenig schlecht. So gab es Salbeitee. Gleich ging es ein wenig besser. Dann musste der Tee doch gleich noch einmal her. Aber der Blinddarm setzte sich durch – im wahrsten Sinne des Wortes. Mit Kenntnissen über die Kräuter der

Grünen Soße ist man noch lange keine Kräuterhexe. Im Krankenhaus, nachdem das Übel entfernt worden war, dann plötzlich wieder unwohl (der Darm verweigerte seine Arbeit), habe ich natürlich nicht auf Salbeitee zurückgegriffen. Der Druck auf einen dieser da für den Hilferuf zur Verfügung stehenden Knöpfe brachte aber das gleiche Ergebnis: „Sie hatten nur Blinddarm, da kann ich keinen Arzt rufen." Da ich jetzt diese Zeilen schreibe, sehen Sie, es ist dann doch gut ausgegangen!

Meldung vom ersten April: Jede Erbse hat unten rechts einen Internetanschluß. Darüber wird der Reifezustand ständig an einen Großrechner gemeldet!

Bild 17a: Unverkennbar, Erbsen mit Anschluss

Frucht unbehandelt: Fast in jeder Kirsche fühlt sich eine Made der Kirschfruchtfliege wie zuhause.

Bild 17b: Kirschen an der Bergstraße

Der Garten am Haus? Ein Stück Garten draußen im Feld?

Der Garten am Haus ist Pflicht! Will man sich nicht ständig vor den Nachbarn verstecken, muss er in Ordnung sein. Nicht nur das, er soll besser als der Nachbargarten aussehen. Doch schon ein paar Büsche, ein paar Blumen machen bereits immer wieder Arbeit. Vielen ist das Grundstück um das Haus schon lästig. So gibt es dann oft nur diese leblosen, toten Rasenflächen. Hier gibt es sogar eine Steigerung von tot. Mit Kies werden jetzt viele Vorgärten aufgeschüttet. Werden sie gar gepflastert, nimmt es den Mitmenschen vor diesem Haus sogar die Parkmöglichkeit.

Wer sich ein Stück Garten außerhalb sucht, will sich freiwillig in das Gartenabenteuer stürzen. Mit einem Stück Feld hinter dem nächsten Nachbardorf hat der Gärtner fast jeden Tag ein Ziel. Besonders gut, es wird auch mit dem Fahrrad zu erreichen sein. Es ist gleich so wie ein Stück Ferien.

Einen gemauerten Grill hatte ein Nachbar da seinerzeit im Garten hinter dem Haus gebaut und war ganz stolz darauf. Wozu wird ein Grill gebraucht, wenn das Kotelett bequem in der Küche einfach mit der Pfanne auf dem Herd zubereitet werden kann? Schaue ich hier aus dem Fenster, steht beim Nachbarn am Haus ein Grillgerät so groß, wie eine Betonmischmaschine. Im Garten hinter dem nächsten Nachbardorf können Sie schon einmal grillen, wenn Sie den ganzen Tag draußen bleiben wollen. Doch da reicht so ziemlich der kleinste Grill, der auf dem Markt ist. Sie wollen sich ja weiterhin beim Kampf gegen das Unkraut mühelos bücken können.

Fast paradiesisch ist mein Garten hier in der Rheinebene auf einer Höhenschwelle gleich vor dem Odenwald. Meine Nachbarn sind selten da. Den Unteren habe ich bis jetzt im Juli noch nicht gesehen. Die Wildkräuter wachsen bereits von da mächtig in den Gartenzaun. Der obere Nachbar, jetzt neu eine Nachbarin, hat dann bald auch schon wieder nachgelassen. Dabei war mein erster Eindruck: Die wird einmal einen Garten machen. Oft erschien sie vor meinem Garten, um meine Verhandlungsfortschritte mit der vormaligen Gartenpächterin zu erfragen. Als sie dann die ersten Gartenarbeiten anging, gestand sie, sie wollte eigentlich sogar ein Grundstück kaufen. Anfangs wurden Tage heftig gearbeitet. Sogar viel Unrat, sehr viel Unrat aus dem Garten entsorgt. Zwei Bäume gepflanzt! Doch beim Zaunausbessern und -erneuern stockte es dann bereits. Aus dem Hohlweg hinten waren die Wildschweine eingedrungen und hatten den einigermaßen ordentlichen Rasen völlig zerwühlt. Da sollte gleich zugemacht werden. Es ist nach Monaten noch offen.

Richtig, im Naturschutzbund ist die neue Nachbarsgärtnerin ja auch noch. Obwohl sie sicher weniger als 400 Meter von der Wohnung bis zum Gartengrundstück hat, erscheint sie stets mit dem Auto. Da ich nicht so ganz direkt sein wollte, habe ich ihr berichtet, dass ich den Nachbarn eins weiter oben schon einmal gefragt habe, ob er denn schon einmal zu Fuß da vom Ortsrand zu seinem Grundstück hinauf wäre. Praktischer Naturschutz ist schwer. Nun ja, sie hat eben ihre Gerätschaften immer im Auto mit. Die Hütte hinten im Garten, schon ein paar Jahre dem Verfall preisgegeben, war noch nicht instand gesetzt, und so konnten dort keine Gerätschaften aufbewahrt werden.

Ich wollte ihr gleich zu Anfang die ersten 25 Seiten des Augstein-Gartenbuches empfehlen damit sie sich darauf einstellen konnte, was mit einem Garten alles auf sie zukommt. Aber ich habe sie dieses Jahr nur anfangs ein paar Mal gesehen.

Und dann habe ich doch ein wenig vorschnell geurteilt. Der Eigentümer hatte überraschend der neuen Nachbarin mitgeteilt, dass er beabsichtigte, sein Grundstück selbst zu bearbeiten. Damit war für sie natürlich erst einmal der ganze Schwung raus.

Weiter oben gab es noch einen Mitgärtner, der fast täglich erschien. Sein Pfirsichbaum hatte Bestand. Ein paar Bienenkästen waren da auch aufgebaut. War ich vorn am Zaun, hat er stets angehalten. Er musste mir immer wieder berichten, wie er in Russland davongekommen ist. Er hatte den Russen direkt gegenüber gelegen. Seine Frau neben ihm konnte und wollte das aber doch einfach nicht mehr hören. Ich meine, von solchen Erinnerungen kommt man nie ganz weg. Hin geht die Zeit, …..

Nachbarn! Im unteren Garten habe ich sozusagen vier Generationen von Nachbarn erlebt. Der erste war ein altes, bewegliches Männchen, sehr giftig dreinschauend. Da ich gleich auch noch vor ihm gewarnt wurde, hatte ich mich da sehr zurückgehalten. Er kletterte noch mit seinen 80 Jahren die sehr große Leiter in den hohen Kirschbaum hinauf, um dort die Kirschen zu ernten. Die Leiter war so schräg angestellt, dass ich schon um ihn fürchtete. Als ich später meinen Gartenzaun plante, konnte ich feststellen, dass sein Gartenweg völlig über mein Grundstück führte. Um auf seinem Grundstück nichts zu zertreten, war er also links über mein oder rechts unten über das anderer Stück Land marschiert. „Das hat der immer so gemacht", konnte ich später hören, „er wollte auf seinem kleinen Feld keinen Fußpfad."

Dann übernahm dieses Feld eine jüngere Familie mit zwei Kindern. Sie erschienen etwa zwei Stunden vor Mittag, haben dieses oder jenes angebaut, ein wenig gelärmt, bis die Bratwürste auf dem Grill fertig waren, dann war Ruhe, und nach der Mittagsmahlzeit waren sie auch schon wieder verschwunden. Als er kam, nachdem ich meinen Zaun errichtet hatte, befürchtete ich schon, er guckt mich nicht wieder an. Das Gegenteil war der Fall: „Hätten Sie doch was gesagt, ich hätte geholfen und mich auch den Kosten beteiligt." Vier seiner Mitarbeiter, alle in seinem Alter, hatte der Feinstaub schon geholt. Richtig gesagt, es war wohl eher ein asbestähnliches Material. Der gute Nachbar, er ist dann auch bald geholt worden.

Dann gab es ein Ehepaar von „drüben", das da einzog. Sie waren jetzt plötzlich auch im Land, wo Milch und Honig fließen. Sekt gab es schon mittags. Nach einer Weile haben sie dann doch wohl auch gemerkt, dass das nicht gut gehen kann. Sie hat bescheiden ihre Felder bestellt. Er baute und hämmerte den ganzen Tag. Als er dann ein paar Mal seine Frau aus nichtigem Anlass rüde niedermachte, war er kein Gesprächspartner mehr für uns. Bei seiner Gartenaufgabe fuhr das technische Hilfswerk, er kannte da wohl jemanden, seinen Unrat in mehreren Fuhren ab.

Das Ehepaar, dass nachfolgte, hat dann weder die Tomaten geerntet, die es dann gab, noch wurden später die Brombeeren gepflückt. Immerhin, das Grundstück wurde regelmäßig gemäht. Doch der Gärtner fiel schnell wegen Rückenproblemen aus. Der Sohn erschien. Er nahm gleich das untere Grundstück noch dazu. Ein neuer Zaun wurde errichtet. Eine neue Hütte musste her. Davor wurde ein großes Stück Fliesen gelegt. Für die Kinder wurde eine Schaukel einbetoniert und eine Rutsche aufgestellt. Eine große Trennwand wurde zu nebulösen Zwecken ebenfalls quer im Garten errichtet. Jetzt wächst bereits das Unkraut wieder durch meinen Gartenzaun.

Ein kleines Grundstück fordert bereits einen ganzen Mann. Es sollte vorher gut überlegt werden, ob ein Garten her soll. In meinen 25 oder 30 Jahren haben da auf diesen kleinen Grundstücken viele angefangen und auch ganz schnell wieder aufgehört. Lediglich eine junge Frau ist bei der Stange geblieben und hat weiterhin Spaß an der Gartenarbeit. Sie ist dann aber auch gleich so naturverbunden, dass sie auch gegen den Bau dieser „Windmühlen" im Odenwald kämpfen will.

Schachfiguren gibt es ja auch in ganz edler Ausführung. Wer möchte sie nicht ganz leicht auf diesem kleinen Brett bewegen können? Wie die Figuren ziehen, lässt sich ziemlich schnell erlernen. Ein Gegner, der etwa den gleichen Wissensstand hat, ist leicht zu finden. Doch dann ist es wie mit dem gerade erworbenen Garten, will man mehr, fängt die Plage erst an! Der Blick in ein Schachlehrbuch führt den angehenden Schachspieler sofort zu der Erkenntnis, dass er da, will er einmal richtig mitspielen, vor einer gewaltigen Aufgabe steht. Über einen Garten kommt dieses Erkennen wohl erst so nach und nach.

Zurück zu paradiesisch. Vom Glück, im Freien zu sein? Wer will das überhaupt? Hier am Ortsrand in der dicht besiedelten Rheinebene, sehe ich oft tagelang keinen Menschen auf diesem Feldweg, der zum Odenwald führt, vorbeigehen. Völlige Einsamkeit. Sollten Sie das Rudel lieben, kommt für Sie kein einsamer Garten zwischen den Weinbergen in Betracht. Vielleicht eine Parzelle im Verein, einen Garten, wo es hin und wieder auch ein Fest gibt?

Ein Stück Land besitzen? Mir schien das auch schon einmal erstrebenswert. Ich habe hier die beneidet, die da auf ihren Feldern wirtschafteten. Doch Achtung, es waren fast immer die Pächter. Meist sind es sogar ortsfremde Menschen. Polen, Türken, Sudetendeutsche, sind mir schon begegnet.

Diese kleinen Felder am Hohen Meißner werden oft noch von ihren Besitzern bewirtschaftet. Als wir letzten Oktober dadurch fuhren stand das Getreide noch auf dem Halm. Ständiger Regen hatte die Ernte vernichtet. Für die Welternährung spielt das wohl keine Rolle, doch diesen Nebenerwerbslandwirt, der diesen schwierigen Acker bewirtschaftet hatte, den hat das schon getroffen. Sollte er sein Feld dann doch besser der Natur überlassen? Doch auch das ist bereits reglementiert und geht nicht so einfach.

Ein Vorgarten im Ort, um den sich keiner kümmert, viele schon lange verlassene Gärten hier am Rande des Odenwaldes, da wo nur noch die Natur waltet, bieten einen traurigen Anblick. Nun wird hier unten im Süden ein ganzes Waldgebiet sich selbst überlassen. Wohin soll das führen? Brauchen wir wieder einen Urwald hier in dem kleinen Deutschland?

Etwas gäbe es in den Wäldern schon zu tun! In den Bergen fallen immer wieder einzeln stehende Fichten auf. Das sind mächtige Bäume mit von unten weit ausladenden Ästen, unter denen die Kühe Schutz suchen können. Wenn ich den Lebensraum eines solchen Baumes schätze, meine ich, dass sind mindesten 14 Meter mal 14 Meter. In den Fichtenwäldern hier stehen die Bäume dicht bei dicht. Sie streben wie Stangen nach oben zum Licht. Die müssen doch alle krank sein! Versuchen Sie eine solche Pflanztechnik einmal mit dem Salat. Es gibt keine schönen langen Salatblätter, sondern lauter bleiche Umfallpflanzen.

Neben den vielen kleinen verlassenen Grundstücken hier in der Rheinebene fällt noch mehr auf, dass viele große schöne Felder ihr Dasein verlieren. Nicht große, sondern riesige Lagerhallen entstehen dort. Mit lauter kleinen Einfamilienhäusern wird die Landschaft zersiedelt. Wirtschaftswachstum um jeden Preis? Stoppt jemand den Landschaftsverbrauch? Eine Behörde soll es ja da schon geben. Zu viele Hühner, zu viele Gänse, zu viele Autos? Vielleicht zu viele Menschen?

Der Hirschkäfer gewinnt sogar bei der Umwandlung in ein Schwarz-Weiß-Bild.

Bild 18: Hirschkäfer auf einer Frühlingszwiebel

Erfolge

In der Summe schaffe ich locker mehr Berichte über Gartenmisserfolge als über Gartenfreuden. Jetzt gleich Lauch und Grünkohl. Prächtiger Lauch stellte sich zur Ernte. Da gut angehäufelt war der Schaft fast 30 Zentimeter hoch weiß. Eine große Schubkarre voll ergab die Ernte. Nicht eine Pflanze war zu verwenden. Lauchmotte und Zwiebelfliege hatten keine übersehen. Also habe ich dann eine große Firma, die Pflanzenschutzmittel herstellt, angeschrieben. Die Antwort: „Wir haben zur Zeit kein Mittel gegen die Zwiebelfliege im Sortiment." So habe ich den Lauch vorerst aufgegeben.

Am Grünkohl habe ich mich mit wechselndem Erfolg versucht. Ich habe es sogar schon einmal so weit gebracht, dass die Strünke im Frühjahr frisches Grün für eine gute Mahlzeit brachten. Wer mag Grünkohl? Vor allem fette grüne Raupen. Gegen die Weiße Fliege hatte ich ein ölhaltiges Mittel gespritzt. Für die großen Grünkohlstauden würde da schon eine kräftigere Spritze benötigt. So ein Handgerät bringt zu wenig. Es hat die Weiße Fliege nicht verscheucht. Lediglich die Pferde nebenan, die sonst ganz närrisch auf meinen Grünkohl waren, haben kurz geschnuppert und sich dann beleidigt weggedreht.

Mit Einsatz eines neuen Mittels wollte ich dann wieder versuchen, selbst Grünkohl anzubauen. Doch diesmal ist er nicht aufgegangen. Bleibt der neue Versuch im nächsten Jahr.

So blieb für eine Grünkohlmahlzeit nur der Weg zum „richtigen" Gärtner. Doch da habe ich letztes Jahr Grünkohl erstanden, der nicht verwendbar war. Ich hätte es sofort merken müssen. Es flog da etwas herum. Im Auto hatte ich schnell so viele Weiße Fliegen, dass sie zur Verkehrsgefährdung wurden. Das Wohnzimmerfenster war gleich dicht besiedelt. Erstehen Sie Grünkohl ohne jegliche Schädlingsspuren, ist das allerdings auch bedenklich. Die Chemie ist, wie die Vitamine, nicht sichtbar.

Die Ackerwinde blüht schön. So habe ich sie einmal nicht rigoros bekämpft. Ein Fehler. Zwei Arten beherbergt mein Garten. Beide streben üppig sich überall rankend gen Himmel. Während die eine Art Wurzeln hat, die nicht aus der Erde zu kriegen sind, verbreitet sich die andere Art durch ein langes Wurzelwerk. Aus dem Grünspargel, und den Sträuchern sind dann diese langen Wurzeln schwer wieder herauszukriegen. So musste einmal Glyphosat her. Vorsicht, Vorsicht! Hat der Stachelbeerstrauch nur ein wenig Staub abbekommen, kümmert er gleich. Der gewaltige Einsatz dieses Mittels in der Landwirtschaft ist sicher schon bedenklich. Bei meinen vielen Kindereinsätzen in den kleinen landwirtschaftlichen Betrieben ist mir wohl der Kalkammonsalpeter aufgefallen, aber ich habe nie dort irgendwo ein Pflanzenschutzmittel gesehen. Die Kirschen kamen wie sie waren auf den Kuchen, nicht entsteint, über die Kirschfruchtfliege wurde nicht gesprochen. Er hieß dann auch Spizzekuchen, war mit selbtgewonnenem Schmand gedeckt und einfach köstlich.

Wie komme ich wieder `raus aus dieser Schwarzmalerei? „Mehr Lob als Tadel", hat seinerzeit mein Dienstherr gesagt, vorgeschrieben. Leichter gesagt als getan. Geht es doch mit dem Grünkohl? Es gab schon eigene Ernte mit wenigen Weißen Fliegen. Wachsen tut er mächtig. Doch während die Frau ihn erst verarbeiten will, wenn er Frost hatte, meinte ich, er kann Frost bekommen und ist dann auch noch ohne Einschränkungen verwendbar.

Durch die Weinberge nebenan fährt der Traktor mit der Spritze sehr oft. Der Boden, die Böden sollten dort schon rötlich gefärbt sein. Ob deswegen der Wein im Abgang an rheinischen Schiefer erinnern sollte? Das Kupfersulfat wird da hoffentlich keine Geschmacksnuancen miteinbringen. An meinen paar Weinstöcken wachsen resistente Trauben, klein, harte Schale, Kerne und zuckersüß. Kurz vor dem Reifwerden geerntet, geben sie mit etwas Zitronensaft angereichert, einen ganz vornehmen Gelee.

Zwiebeln gelingen immer. Zwei kleine Netze voll habe ich gesteckt, obwohl mein Gartennachbar sehr herablassend sagte: „Zwiebeln sind so billig, die braucht man nicht zu machen." Wird der Garten aus diesem Blickwinkel betrachtet, was sollte man dann da noch anbauen? Die Zwiebel hat auch ihre Zwiebelfliege. Zwiebeln, die ich seinerzeit schon im Herbst gesteckt hatte, ja, das geht auch, waren stets fast alle Wirtspflanzen für die Maden der Zwiebelfliege. Die meisten faul im Frühjahr. Doch reichte es stets für Zwiebelblätter ergänzend zu den Grüne-Soße-Kräutern. Sind die Zwiebeln im Frühjahr aufgelaufen, etwa 10 Zentimeter hoch, werden sie einmal mit einem bewährten Mittel gespritzt. Dann kommt ein feinmaschiges Netz darüber. Das Mittel jedoch gibt es für den Kleingärtner inzwischen nicht mehr. „Tödliche Sicherheit", fällt mir dazu ein. Alles sicher für die Umwelt, tödlich für die Gartenpflanzen und -früchte. Die Wildkräuter ruhen auch hier nicht. Mindestens einmal ist nicht nur mit der Hacke durchzugehen, sondern auch gebückt von Hand mühsam zu jäten. Die eigene frische Zwiebel auf den Handkäse wertet diesen gleich um einhundert Prozent auf!

Gurken gibt es meist reichlich. Meist! Bei nasskalter Witterung kommen nur wenige Pflanzen aus der Erde, auf die es dann die Schnecken abgesehen haben. Ich wollte schon schreiben, Gurken gedeihen ohne Chemie. Es wäre nicht die ganze Wahrheit gewesen. Schneckenkorn muss der Hobbynutzgärtner einfach besitzen und hin und wieder einsetzen.

In einem Gurkenjahr gedeihen sie prächtig. Selbst vier Wochen täglich Gurkensalat essen, dezimiert die Mengen nur minimal. Wohin damit? Verschenken? Die kleinen der Sorte Gebirgstraube sind mitunter bitter an den Enden. Ein unerklärliches Phänomen. Da wäre der Nachbar schon ganz schön sauer über die geschenkten Gurken, wenn er den angerichteten Gurkensalat dann wegschütten müsste.

Einkochen heißt das Zauberwort! Kräuteressig, Apfelessig, Essigsud, viel ist da möglich. Dill gibt der Garten auch her. Wer hat die Utensilien für das Einwecken heutzutage noch im Haushalt? Gurkeneinmachgewürz war noch nebulös in Erinnerung. Ein Gewürzregal habe ich abgesucht in dem Dutzende von Gewürzen gestapelt waren. Da hatte ich ebenso wenig Erfolg wie beim anschließenden Gespräch mit der Verkäuferin. Bei Raiffeisen war das Regal leer. Im Gegensatz zum Verbleib des Kalkammonsalpeters erfuhr ich hier, sie ist bestellt.

Rezepte will ich nicht niederschreiben, da nicht kompetent, wie das heute so schön heißt. Doch meine sauren Gurken sind jetzt nach neuen weiteren Versuchen so gut und das Rezept so einfach, dass ich es nicht verschweigen will.

Der Sud: 1 Liter **Apfelessig**, 2 Liter Wasser, 500 Gramm Zucker, 50 Gramm Salz: Das ist schon alles. In das Einliterglas dann einen Teelöffel Gurkeneinmachgewürz, eine Zwiebel, Dill und die Gurken und acht Minuten einkochen. Wer schafft das noch heutzutage?

Zwei Grünspargelbeete haben viele Jahre eine kleine Ernte gebracht. Er kommt vor allem Mitte Mai, wenn es warm wird und ich dann gerade irgendwo in den Bergen unterwegs bin. Mitte Juni ist Schluss mit der Ernte: Werden die Kirschen rot, ist der Spargel tot. Ich wage zu behaupten, er ist eine Klasse besser als jeglicher weißer Spargel. Er hat einfach Aroma, Geschmack. Dann sind in meine Beete die Wühlmäuse eingezogen und haben in Verbindung mit der Spargelfliege den Bestand ziemlich dezimiert. Zur Erinnerung kommen jedes Jahr noch ein paar Stauden.

Als Erfolg würde es ein Südtiroler schon bezeichnen, wenn er überhaupt einen Garten bekäme. Hier an der badischen Bergstraße gibt es bereits so viele aufgegebene, verwahrloste Gärten, dass das für die Gemeinden schon zum Problem geworden ist. Ein Südtiroler hatte mich nach fünf Stunden Marsch auf dem prächtigen Schlandrauner Höhenweg von Schlanders hinauf zum Bahnhof gefahren. Durch einen Arbeitsunfall war er vorzeitig Rentner geworden. Er hätte gern ein Stück Gartenland. Doch in Südtirol, im Vinschgau, hätte er keine Chance auf ein kleines Stück Feld. Jeder Quadratmeter ist da kommerziell bewirtschaftet. Nach Heidelberg wollte er nicht umziehen.

Gurken einkochen? Wer mag sich diese Arbeit noch zumuten?

Bild 19: Vorrat

Grenzen und Tiere

Sakoku. Ein nichts sagendes und schwer zu behaltendes Wort. Ich wollte eigentlich weitere Bezüge zum Augstein-Gartenbuch meiden. Doch die Gegenwart erinnert gerade an Sakoku. Dass sich Japan da einmal völlig abgeschirmt hatte, habe ich noch in Erinnerung. Es war wohl in irgendeinem ehemals gelesenen Roman von der Pearl S. Buck beschrieben worden.

Heute wollen die Engländer wieder dahin. Da ist mir noch in Erinnerung „in splendid isolation", hieß es da irgendwo schon früher. In Gießen gibt es die hübschesten Mädchen. Die Frau wusste es gleich: „Da gab es schon immer Soldaten." Frisches Blut, ist die Begründung. In allen Bereichen des Lebens werden diese Briten hintendranbleiben, wenn sie sich jetzt wieder so abschotten. Auf die Pflanzenwelt in Europa wird der Austritt jedoch wohl kaum einen Einfluss haben. Mit dem guten Aussehen eines Girls ist es aber leider nicht getan. Wenn diese Giessener Mädchen den Mund aufmachten, war das erschreckend. Der Dialekt war fürchterlich. Das konnte keine wohlgeformte Brust wieder gutmachen.

Was ist das überhaupt für ein Europa, wenn der Bürger an jeder Grenze zahlen muss? Da hätte der Herr Seehofer sich einmal um Europa verdient machen können. Doch was tut er? Wohl von racheähnlichen Gefühlen geleitet, will er auch kassieren lassen. Der Herr Kohl hatte sich noch damit gebrüstet, dass nun an den Grenzen kein Ausweis mehr vorzuzeigen sei. Welch ein Fehler, hat sich längst herausgestellt.

Der Garten kennt trotz Zaun kaum Grenzen. Die Nachbarbäume wachsen über den Zaun und nehmen die Sonne. Mäuse und Maulwürfe wandern ein. Im Garten gibt es nicht nur Erdbeeren zu ernten: Ich habe kein Glück damit, sondern auch einer kammerjägerähnlichen Beschäftigung nachzugehen. Für jede Tierart gibt es spezielle „Kampfmittel". Der Maulwurf hat eine Lebendfalle. Mit Speck fängt man Mäuse? Weit gefehlt! Die Wühlmaus steht auf frische Möhren. Sie hat ebenfalls Anspruch auf eine besondere Fallenart. Zur Bekämpfung der Feldmaus tut es der vergiftete Weizen, tat es vergifteter Weizen! Plötzlich ist er nicht mehr im Sortiment. Auf dem Mittel, das mir dann verkauft wurde - ich wollte vorbeugend einige Körner unter die Gartenhütte legen - stand dann im sehr klein Gedrucktem: „Vorbeugende Ausbringung nicht erlaubt, nur Auslegen, wenn Befall festgestellt wurde." Also die Mäuse erst einmal heimisch werden lassen.

Die Wühlmäuse tun sich nicht nur im Möhrenbeet gütlich, sie haben auch meinen einzigen Apfelbaum getötet. Wind hatte es am Abend vorher. Der noch ziemlich junge Baum lag um. Als ich da mit Hammer und Pfahl erschien, war gleich klar, das wäre zwecklos. Es gab nur noch Wurzelstümpfe. Und wenn ich jetzt noch etwas über die Äpfel sage, die der Baum einmal hervorgebracht hatte, jeder hatte einen Wurmstich, weiß ich, dass ich mit meinen Beschreibungen keinen Gärtner aufbauen kann.

Auch einmal etwas Erfreuliches? Die Frau meines Kommandeurs - für diese Gefährtin wurde auch noch die Bezeichnung Gemahlin verwendet - stellte beim Antrittsbesuch nicht einen von den vielen angeschleppten professionellen Blumensträußen mitten auf den Tisch, sondern meinen Gartenblumenstrauß. Wollen Sie mit Gartenprodukten bei Ihrem Vorgesetzten punkten, haben Sie sich allerdings sehr anzustrengen. Umgekehrt gilt, das geht nur, wenn der Vorgesetzte etwas mehr kennt als nur die Produkte vom Supermarkt. Ob Sie ihre Zwetschgen jemandem geschenkt haben, der es wert war, können Sie feststellen, wenn Sie den Eimer zurückbekommen. Nicht immer ist er sauber.

Überraschend schöne Mäuse sprangen mir plötzlich in der Gartenhütte entgegen. Große runde Ohren, Knopfaugen, braunes Fell. Ich wollte sie gleich nicht jagen. Hat die Hütte nur irgendwo ein kleines Loch, dringen sie ein. Erst später ist mir aufgegangen, diese Mäuse waren Siebenschläfer. In der Natur sieht man sie sicher auch nur einmal im Leben.

Steht der Bügel der Wühlmausfalle oben, weiß man, da ist eine `drin! Tote Mäuse und Stadtmenschen sind zwei verschiedene Dinge. Wie die daraus kriegen? Wohin damit? Der Bauer hat die tote Ratte auf die Schippe genommen und auf den Mist geworfen. Es kann noch schlimmer kommen: Die Wühlmaus, wohl überhastig in diese kastenähnliche Falle eingedrungen, wurde nicht am Hals erwischt, sondern am Bauch und lebte nun noch. Oben war ein Gartennachbar am Werkeln. Er wusste auch keinen Rat. Die Katzen auf dem Dorf vermehrten sich ziemlich. Auf die Herbstkatzen hatte man es besonders abgesehen: „Herbstkatzen taugen nichts." Sie konnten unmöglich alle hingenommen werden. Diese niedlichen Kätzchen wurden in einen Sack getan und einfach ertränkt. Doch so eine lebende Wühlmaus in der Falle sieht den Gärtner mit einem Auge direkt an. Arme Wühlmaus.

Einen Maulwurf hatte ich in der Lebendfalle. Doch der war da fast nicht wieder hinauszubringen. Nach vorn wollte er auf keinen Fall und rückwärts drückte er die Klappe immer wieder zu. Natürlich war ich da weitab von meinem Garten zugange.

Er kann schon eine ziemliche Plage für den Gartenliebhaber sein. Arbeitet der Maulwurf in meinen Gemüsebeeten, ist das nützlich. Er schnappt hoffentlich die zahlreichen Engerlinge, die erst meine Pflanzen abfressen wollen, um dann einmal zu Maikäfern zu werden. Doch diesmal hat er sich ausgerechnet die paar Quadratmeter unter und vor der Hütte ausgesucht. Fast alles, was da so angeboten wird habe ich zwecks Vertreibung versucht. Geruchkugeln, Lärmtechnik, Essigessenz, Wasser in die Löcher und sogar ein kleines Holzfeuerchen angezündet. Er kommt mit neuem Schwung immer wieder. Kommt Zeit, kommt Rat. Vielleicht wird er nicht gar so alt oder er findet eine Lebensgefährtin im Nachbargarten.

Die Engerlinge richten viel Schaden an. Von zwölf Salatpflanzen fallen ihnen stets zwei zum Opfer. Selbst einen Tomatenstock können sie „töten". Zum Glück habe ich keine Werren. Die Maulwurfsgrillen richten erheblich mehr Schaden an.

So rar wie die Siebenschläfer im Garten sind es auch die Dachse. Sie werden nur ihre Spuren finden und dann auch nur in der Zeit, in der die jungen Dachse sich auf die Socken machen. Kleine herausgerissene Rasenfetzen zeigen die Balgplätze der jungen Dachse an. Oft findet einer unter dem Zaun eine kleine Vertiefung, durch die er dann in den Garten hineinkommt. Das Entkommen ist erheblich schwieriger. Wo war die Lücke, der Spanndraht nicht ganz unten? Im oberen Garten habe ich einen festen Zaun. Hier gräbt er dann, gut dass es Sandboden ist, ein Loch unter dem Zaun durch das ein kleines Kind kriechen könnte. Im unteren Garten besteht der Zaun aus diesem sehr dünnen Maschendraht, Hasendraht hat ihn seinerzeit der Verkäufer genannt: Den will der junge Dachs als Hindernis nicht anerkennen. Er rennt, springt gegen den Zaun bis er zerreist. Wahrscheinlich holt er sich dabei eine blutige Nase. So habe ich den Zaun jetzt untenherum mit zusätzlichem feinen Maschendraht verstärkt, um den Dachs vom Anrennen gegen den Zaun abzuhalten.

Noch mehr große Tiere? Eines Tages waren sogar die Stangenbohnen abgefressen. Sie wollten erst nicht richtig kommen und jetzt, als es sogar Bohnen gab, waren Bohnen und Kraut rigeros abgefressen. Ich bin den Zaun abgegangen, nirgends eine Lücke. Am nächsten Tag hatte ich den Täter. Ein Reh flüchtete in die hinterste Ecke des Gartens, als ich vorne eintrat. Ganz bedächtig schritt ich an der rechten Gartenseite nach hinten, um dort die Gartentür zu öffnen. In wilder Panik schoss das Reh nach vorn, stand, trat ein paar Schritte zurück und sprang mit einem Satz über den 160 cm hohen Zaun.

Wildschweinbesuch hatte ich ebenfalls, trotz Gartenzaun. „Böse Buben" hatten die hintere Gartentür beschädigt. Hier war es eingedrungen. Das große Tomatenbeet war völlig zerwühlt. Doch nicht eine Tomatenpflanze war beschädigt. Einen Tag später lag ein kleines Tier 30 Meter weiter unten neben den dort die Johannisbeeren pflückenden Frauen und schlief. „Gleich neben Ihnen liegt ein Wildschwein", rief ich hinunter. Sie fühlte sich auf den Arm genommen und haben mich mitleidig angelächelt. Mit einem Schuss hat der alarmierte Jagdpächter das Tier erledigt. Es war ein junges Wildschwein, das vorzeitig den Kontakt zum Muttertier verloren hatte und hier so auch vorzeitig zur Strecke gebracht wurde. Keine fertige Ausbildung, keine Überlebenschance.

Begegnet der Gärtner noch mehr Tieren? Da sind ja auch noch die Vögel. „Säen nicht und ernten doch", heißt es da irgendwo. Die Amseln sind mir unangenehm. Sie huschen am Boden herum wie die Ratten. Einige von ihnen haben es auf meine Johannisbeeren abgesehen. Sie hacken alles ab, was ihnen vor den Schnabel kommt. So habe ich den Strauch mit einem Netz geschützt. Eine hat sich darin verfangen. Die hat sich vielleicht beschwert. Als ich sie befreite, ist sie schimpfend davongeflogen.

Dann hat man mir vor vielen Jahren einmal etwas geschenkt, das gegen die vielen Feinde des Gärtners, hier Maden und Raupen, helfen sollte: einen Meisenkasten. Schnell hatte ich eine Meise, sicher zwei. Doch jemand arbeitete stets am Einflugloch, um es zu erweitern. Vor allem das Eichhörnchen hatte ich im Verdacht. Doch, wie ich kürzlich gelernt habe, kommt auch der Specht für diese Taten in Frage. Beide sind hinten im Nussbaum zuhause. Wahrscheinlich auch wechselseitig, da das Eichhörnchen ja ein arger Nesträuber sein soll. Ich hatte jetzt erst das Einflugloch des Meisenkastens mit einem zusätzlichen Brett mit Loch verlängert. Doch das war wohl nicht ausreichend. Die tagelang eifrig fütternden Meisenvögel waren plötzlich verschwunden.

Vogel gegen Vogel? Das ist arg. Ob es bei den Menschen genauso ist? Wie kann man das vergessen: Der Mensch hat viele Feinde, der ärgste Feind des Menschen ist der Mensch.

Schwärme von Staren gleich drüben in der Pfalz. Bewundernswert wie sie fliegen. Nicht so erfreulich für die Winzer. Hier an der Bergstraße sind sie auch zu beobachten, doch bei weitem nicht in einer so großen Zahl. Viele Weinberge werden aber mit Netzen geschützt. Welch eine Arbeit. Meinen Kirschbaum haben sie noch nie behelligt. Sicher gibt es bessere Kirschen hier an der Bergstraße. Doch da oben in Nordhessen, wo wenige Kirschbäume in den Bauerngärten standen, mussten sie sogar bewacht werden. Nicht aufgepasst, waren die Kirschen in weniger als einer halben Stunde abgehackt. Warum sind diese Vögel gleich so zerstörerisch?

Wie nützlich und beliebt waren die Schwalben dagegen. In jeder Stalltür war ein Flugloch, stets blieb ein Stallfenster offen. Die Schwalbennester im Stall waren fast mit der Hand zu erreichen. Viele Bauernhäuser hatten gleich unter der Dachrinne mehrere Schwalbennester. Im Frühjahr hieß es schon, die Schwalben sind da. Rauchschwalben, meine ich in Erinnerung zu haben. Im Herbst sammelten sie sich auf den Stromleitungen im Dorf, bevor sie davon zogen. Wie auch die vielen kleinen Kuhställe, alles ist verschwunden.

Den Igel will ich nicht vergessen. Zweimal ist er mir unmittelbar begegnet. Im Halbdunkel lief quer durch den Garten etwas auf mich zu, war dann Steinähnliches gleich zu meinen Füßen. Unheimlich war das nicht, doch schon ein wenig befremdlich, bis ich dieses dunkle Etwas als Igel erkannte. Beim zweiten Mal war er friedlicher. Er lag über 24 Stunden betrunken in einem Korb in der Scheune. Die Igel auch schon? Eine alte Flasche Eierlikör war hinter der Scheune ausgeleert worden. Da konnte der Igel nicht widerstehen. In meinen großen Haufen Sträucherschnitt hinter dem Gartenzaun will leider kein Igel einziehen.

Nie bekommt die Ehefrau im Garten einen Stich ab. Ich stets viele, trotz Mückenschutzmittel und völligem Kleidungswechsel. Ob so ein bisschen Hautcreme und diese „Schönheitsmittel" besser wirken als diese Insektenschutzmittel? Die Milbe ist mein Hauptfeind. Selbst wenn ich mich nach getaner Arbeit auf die Liege unter dem Kirschbaum begebe, wechsele ich schon vorsichtshalber komplett die Sachen. Vergesse ich es, gibt es schon in der Nacht einzelne juckende Stiche. Die Milbe dringt da ein. Hier gilt das ähnlich, was ich oben zu den Pflanzen gesagt habe; der zugereiste Arzt, mit den örtlichen Gegebenheiten noch nicht so sehr vertraut, weiß nichts von einer Gartenmilbe. Ein anderer Gartenliebhaber konnte mir sagen, woher ich meine vielen unangenehmen Stiche hatte.

In Anbetracht was daraus wird, kann ich es leider nicht an meinem Hüttendach dulden.

Bild 20: Das Wespennest in der Gartenhütte

Kirschen und Zwetschgen

Der Kirschbaum in meinem Kasseler Garten hatte mich nicht sehr verwöhnt. Die Blüten waren Mitte Mai stets erfroren. Ganz vereinzelt gab es da im Juni einige Kirschen. Hier in der Rheinebene habe ich einen im Besitz, der jedes Jahr Kirschen liefert. Keine großen Mengen, keine großen Früchte, mit denen geprahlt werden könnte, doch wohlschmeckende saftige Kirschen. Die Kirschfruchtfliege trübt die Freude ein wenig.

Auch Arbeit bringt so ein Kirschbaum dem Gärtner. Mitunter mehr als ihm lieb ist. Dieses Jahr, als viele über erfrorene Blüten der Obstbäume und des Weines klagten, hatte mein Baum Kirschen ohne Ende. Da der Ruheplatz unter dem Kirschbaum ist, begann jede Gartenarbeit mit dem Auflesen von Kirschen. Tage später sind dann mühsam immer wieder die fast getrockneten Kirschen aus dem Rasen herauszurechen. Das Fleisch der Kirsche ist ja nicht den Menschen zum Wohlgefallen um den Stein. Zum Töten ist es gemacht. Alles um den Stein soll, wenn die Kirsche zu Boden fällt, absterben. Mit diesem Gedanken sollte man sie allerdings nicht essen.

Aus dem gleichen Grund warum die Banane krumm ist, strebt der Kirschbaum trotz ziemlich natürlichem Wuchs immer weiter nach oben. Nur wenn oben ab und zu etwas gekürzt wird, sterben die unteren Äste nicht allzu schnell ab. Eine Leiter und der Umgang mit einer Säge ist also bei einer Gartenplanung mit einzubeziehen. Viele Kirschbäume gibt es hier in der Rheinebene. Sie blühen meist im April beeindruckend. So habe ich rund um meinen Garten, wenn das Wetter es zulässt, etwa sechs Wochen Kirschen zu genießen, aber nur, wenn die Grenzen nicht so genau beachtet werden.

Wo es Kirschen gibt, wächst auch die wilde Kirsche an den Feldrainen. Diese kleinen Früchte haben ein bemerkenswertes Aroma. Fruchtig fest und leicht bitter je nach Reifezustand. Sie könnten zur Geschmacksbeschreibung von Wein herhalten. Auch die wilden Kirschen sind nicht einheitlich. Eine doch etwas größere Sorte hatte einen so besonderen Geschmack, dass ich es dieses Jahr bedaure, dass ich keine davon genossen habe – hier an der Bergstraße. Da oben am Meißner hießen sie Knutten. Auf dem Waldlehrpfad neben der Weymouthkiefer heißt die wilde Kirsche Vogelkirsche.

Ein Sauerkirschbaum „kämpft" immer wieder mit der Monilia. Je nach Jahr verdorren entweder kleinere Äste oder mitunter sieht der gesamte Baum nach Absterben aus. Der Nachbar hatte neben seiner dürr werdenden Sauerkirsche bereits einen Zwetschgenbaum gepflanzt. Zwei Jahre später wuchsen wieder beide um die Wette. Die Schattenmorelle wäre mein Favorit, da sie schöne große Früchte hat. Doch sie ist anfällig für die Monilia! So hatte ich, wie bereits erwähnt, einen Sauerkirschbaum gekauft, der mit resistent ausgezeichnet war. Er hat mir keine Früchte geliefert und ist schnell abgestorben. Zwetschgen können die Narrenkrankheit bekommen. Wohl auch ein Pilz, der viele Früchte arg aufschwellen lässt. Mein Baum trägt nur alle drei Jahre ausreichend. Doch gibt es jedes Jahr einen hervorragenden Zwetschgenkuchen. Ferner köstlichen, besser, köstliches Zwetschgenmus, das gern Abnehmer findet. Die Rezepte für das Mus kochen sind völlig gegensätzlich: Auf keinen Fall rühren steht stetig rühren gegenüber.

Wer Obst und Gemüse gewerblich anbaut, hat sich sicher da schon mächtig anzustrengen. Nur völlig einwandfreie und makellose Ware kommt in den Verkauf. Wie schaffen die das? Selbst meine Kartoffeln haben Schäden. Selten sind es die Mäuse, oft fressen Engerlinge die Kartoffeln an.

Wer sich an Farben erfreut, kann sich wahrscheinlich auch über die Läuse freuen, die Läuse im Garten. Es gibt sie in vielen Farben. Während die Läuse an den Bohnen schwarz sind, war der Zwetschgenbaum einmal übersät von grünen Läusen, fast nicht zu erkennen an den Unterseiten der grünen Blätter. Doch irgendwie hilft sich die Natur dann auch von selbst. Ohrwürmer, die in großer Zahl mein Insektenhaus besiedelten, einem übergroßen umgedrehten Blumentopf mit Zweigen und trockenem Gras vollgestopft, haben sich wohl an den Läusen gütlich getan.

Sofern die Ehefrau, die Gefährtin, die Gemahlin, die Bekannte, die Freundin will ich da einmal auslassen, das soll ja erst werden, oder jetzt der Lebensgefährte, oder einfach Minne, gern Kuchen backen, sollte ein Zwetschgenbaum her. Die genannten Voraussetzungen sind nicht vollständig: Mit Hefeteig sollten diese Personen ebenfalls umgehen können. Hier stocke ich. Soll ich den Zwetschgenkuchen beschreiben oder Bühler Zwetschgen und was es da sonst noch so gibt? Doch da fällt mir auch noch der Mohnkuchen von früher ein. Ein

„breiter Kuchen", gedeckt mit einer Schmanddecke, auf dem Blech gebacken, gab es ihn meistens beim Dreschen. Fast mein Lieblingskuchen.

Noch heute kann ich mich an die Aufforderung der Bäuerin an den Bauern erinnern: „Du säest doch wieder einen Streifen Mohn!?" „Warum sollte ich das dieses Jahr nicht tun?" antwortete Henner, so hießen die früher. War der Mohn reif, die Kapsel trocken, konnte der Mohn in die Hand geschüttet und gegessen werden. High ist keiner davon geworden. Bisher habe ich es versäumt nachzuforschen, ob dieser Mohn noch durch einen Hobbygärtner angebaut werden darf.

In Erinnerung an diesen köstlichen Mohnkuchen habe ich mir einmal ein Gebäckstück mit Mohn gekauft. Es war mit sehr verbranntem Mohn umhüllt. Grässlich! Doch das sollen die Bäcker jetzt auch besser in den Griff bekommen haben.

Dabei wächst auch Mohn in meinem Garten. Er sät sich selbst aus. Kleinere Mohnköpfe als die obigen, doch die Samenkörner leider ungenießbar. Hübsch anzusehen. Schnell verblüht. Die Mohnköpfe sind im Blumenstrauß verwendbar. Eine Spaziergängerin, die oft an meinem Garten vorbeikam, bat mich eines Tages, ihr ein paar Mohnsamen zu überlassen. Ich machte sie darauf aufmerksam, dass dieser Mohn nur an wenigen Tage blüht, dann ist es vorbei. „Was hält im Garten schon lange", war die Antwort. Angehende Gärtner sollten sich darauf einstellen! Sogar Bäume stehen nicht ewig.

Beim Mohn erinnere ich mich auch an den Klatschmohn. Ist das der richtige Name? An den Rändern der Getreidefelder war er zu finden. Die großen Blütenblätter konnten so gefaltet werden, dass ein Hohlraum entstand, eine Art Blase, die beim Aufschlagen auf die Hand oder gar Stirn einen kleinen Knall ergab. Da wo Klatschmohn wuchs, gab es auch noch die Kornblume. Hat Glyphosat alles getötet? Lieber würde ich mich hier mit der Roggenmuhme beschäftigen. Das ist schon unheimlich genug.

Sehr viele Kirschbäume wachsen hier an der Bergstraße. Im April kann da eine ganze Fotoserie von diesen blühenden Bäumen geschossen werden. Wer das tun will, sollte keine bestimmte Woche Urlaub hier buchen. Sie blühen je nach Wetter einmal etwas früher, dann wieder später. Und die Bilderbuchblüte hält nur wenige Tage.

Während früher die Kirschen eine Kostbarkeit waren, bleiben heute hier an der Bergstraße die meisten hängen.

Das kleine Meißnerdorf hatte schon eine „Kärchenwesn". Oben vor dem Wald standen so um die vierzig Kirschbäume, deren Früchte kurz vor dem Reifwerden versteigert wurden. Die Interessenten hatten einen mehr als halbstündigen Fußmarsch hinauf zur Kirschenwiese in Kauf zu nehmen. Wir hatten es jedes Jahr auf denselben Kirschbaum abgesehen. Höchstens einmal steigerte ein Bauer mit, fast anstandshalber, dann wurde der Kirschbaum uns Evakuierten überlassen. Kauen Sie die Kirschen gut! Trinken Sie nie viel Wasser nach einem ausgiebigen Kirschengenuss. Sie rumoren dann fürchterlich im Bauch und geben erst Ruhe, wenn sie wieder draußen sind.

Geht der Gärtner als Wanderer Ende Mai zwischen Bellinzona und Faido durch die Gärten, werden dort die Kirschen reif. Unerreichbar! Die eigenen Kirschen an der Bergstraße nun auch ebenfalls unerreichbar. Wie so oft im Leben, man kann nicht alles haben.

Wer da aus dem Nordhessischen kommt, dem fallen hier an der Bergstraße auch gleich so ein paar Exoten auf. Quitten, Kastanien, Pfirsiche, Feigen, Mandelbäume.

Quitten, fast hart wie Holz, nicht essbar, wer will so etwas schon haben? So stehen im Herbst gepflückte Quitten unterhalb meines Gartens frei zum Mitnehmen. Dabei ergeben sie einen köstlichen Gelee. Einen Pfirsichbaum hatte ich sogar seinerzeit in meinem Garten übernommen. Die Freude war nur kurz. Der Pilz hatte ihn gleich im Griff. Schnell verdorrte Ast um Ast. Es blieb nur das Absägen und Ausgraben. Wer wirklich Pfirsiche ernten will, hat sich genau mit den Anforderungen, die solch ein Baum an den Gärtner stellt, auseinanderzusetzen. Er ist zu „behandeln" wenn die Witterung es erfordert. Dabei gibt es für den Hobbygärtner nicht die Spritzmittel, die für den professionellen Anbau zur Verfügung stehen.

Kastanien, Esskastanien, wachsen hier im Wald. Selbstverständlich haben wir uns daran versucht. Im Backofen etwas angeröstet und dann mühsam die Schale entfernt. Doch was dann bleibt, was soll man damit? Auch die Kastanien, die im Herbst in Südtirol vom Rost angeboten werden, können mich nicht locken. Warum sollte man so etwas essen? Dabei fallen mir noch die großen alten Kastanienbäume über Claro kurz vor Bellinzona ein. Die Menschen waren wohl früher auf diese Nahrung angewiesen. Das ist wohl so ähnlich wie mit der Polenta. Gleich nach dem Krieg gab es Maispulver oder –mehl. Süssliche Pfannkuchen konnten daraus gebacken werden. Doch das ist dann auch schnell wieder verschwunden. Immerhin, im Engadin stand die Polenta aus Maisgrieß noch auf der Speisekarte. Doch hat es sich nicht ergeben, sie zu versuchen.

Ein Feigenbaum steht ziemlich unterhalb meines Gartens. Auch drüben in der Pfalz sind sie in den Orten zu bewundern. Obwohl, bewundern kann ich nicht schreiben, da ich noch nie mit einem Besitzer über Feigen geredet habe. Gibt es da Früchte? Sind sie zu genießen? Anders ist es mit den Mandelbäumen. Da war ich schon in Versuchung, selbst einen zu kaufen und zu pflanzen. Drüben in Gimmeldingen und an mehreren anderen Orten blühen sie im frühen Frühjahr prächtig. In milden Wintern bereits gegen Ende Februar, doch sonst gleich im März. Wie die Kirschblüte hier an der Bergstraße ist, sofern man sie bewundern will, der richtige Zeitpunkt abzupassen.

Dann gibt es noch die Marillen. In Südtirol im Vinschgau werden vielerlei Produkte aus diesen Früchten angeboten. Am Thuner See in der Schweiz gab es sie auch. Jeweils ein Kilo und dann noch einmal eines musste für Marmelade gekauft werden. Sie hatten einen Preis, dass man meinte, man hätte gesündigt beim Geld ausgeben. Aber es gibt sie ja auch nur an wenigen Tagen im Jahr, diese Aprikosen. Obwohl mit den Enkelkindern bis auf Dreitausend geklettert, stand dagegen dieses brauncremige Zeug bei uns noch nie auf dem Tisch.

Ernten will diese vielen Kirschen dann doch keiner.

Bild 21: Die blühende Bergstraße an der B3 vor Leutershausen

Sträucher

Da bin ich als Hobbygärtner gleich unsicher! Gehören auch die Himbeeren zu den Sträuchern? Auf jeden Fall gehören sie in den Garten, wenn die Hausfrau in der Lage ist, Gelee zu kochen. Himbeerschnitten auf der Alm unter dem Hochwarth im Vinschgau waren im Herbst eine unübertroffene Köstlichkeit. Da gab es im Oktober im Garten noch Himbeeren, wenn sie bei uns längst vergessen waren.

Die gängigen Sorten hier sind im Juni erntereif. Mal wuchern sie, wachsen unerwünscht in alle Richtungen, mal trocknen sie ein und es gibt kaum einen neuen Trieb. Ich habe hier mit dem Garten eine Sorte übernommen, die keine übermäßig großen Früchte bringt, doch als Pflanze ist sie über Jahre nicht unterzukriegen. Mit allen weiteren Versuchen, Himbeerstauden vom Nachbarn bekommen, die sehr große Früchte tragen sollten, ein paar Mal sowohl aus dem Gartencenter wie einfach in einem Baumarkt Pflanzen gekauft, hatte ich keinen bemerkenswerten Erfolg.

Himbeeren aus dem Wald? Neben dem Frauhollenteich am Meißner haben wir Himbeeren geholt. Der Anmarsch war sicher eine Stunde. Aromatische Waldhimbeeren. Sie wurden zuhause in einen Eimer mit Wasser geschüttet, damit die Maden sich heraus begaben. Die Gartenhimbeeren haben, zumindest hier in der Rheinebene, keine Fressfeinde. Zum Johannisbeeregelee eine kleine Zugabe Himbeeren verfeinert ihn bemerkenswert.

Brombeeren können Sonnenbrand bekommen. Ehe ich weiter schreibe, muss ich erst einmal ermitteln, wie so eine kleine Rundung in einer einzelnen Brombeere heißt. „Die bei Reife meist blauschwarzen Früchte sind botanisch gesehen keine Beeren, sondern Sammelsteinfrüchte, die sich aus den einzelnen Fruchtblättern bilden": Wikipedia! Fast unheimlich was da schon alles darinnen steht. Mein Brockhaus auf mehreren CD´s war schon nach dem ersten Windowswechsel nur mit einem Patch ins Leben zu rufen – und dann nicht mehr. Das gebundene Buch steht heute noch nutzbar im Regal.

Mitunter sind einzelne Fruchtblätter einer Brombeere nicht tief blau, sondern fast weiß. Es sieht nach Madenbefall aus. Doch nach Tagen mit bedecktem Himmel und dann starker Sonneneinstrahlung tritt diese Erscheinung auf. „Die Beere hat einen Sonnenbrand", meinte mein Nachbar.

Johannisbeer- und Stachelbeersträucher bieten dem Gärtner eine leichte und immerwährende Ernte. Klingt gut. Doch ist das nicht die ganze Wahrheit. Die Johannisbeeren haben weder Tiere, Ausnahmen gibt es aber auch da, noch Pilze als Feinde. Sie tragen jedes Jahr, vorausgesetzt sie werden unkrautfrei gehalten und jedes Jahr ein wenig geschnitten. Als Faustregel gilt, den Strauch so ausschneiden, dass Licht hineinfällt und dabei stets dafür sorgen, dass ein paar neue Triebe nachwachsen können. Sollten Sie allerdings Sträucher erstehen, die die Johannisbeeren an besonders lange Rispen tragen, möglichst dicke Beeren haben, solche, die für den gewerblichen Anbau vorgesehen sind, sind auch diese zu behandeln.

Der Mehltau liebt die Stachelbeere. Je größer die Beere, desto kräftiger der Mehltau, gleich ob echter oder falscher. So habe ich nur Sträucher, an denen ziemlich kleine Früchte wachsen. Sobald sich Früchte gebildet haben, werden sie einmal gespritzt. Dann gibt es zwar noch immer Ausfälle, doch diese Sträucher tragen so reichlich, dass das keine Rolle spielt. Diese Stachelbeeren tragen ihren Namen zu Recht! Gleich wie vorsichtig Sie bei der Ernte zu Werke gehen, es gibt stets ein leichtes Blutvergießen. Lassen Sie nie abgeschnittene Zweige liegen. Vertrocknet stechen sie noch heftiger. Meine Sträucher wachsen jedes Jahr völlig zu. Bereits bei der Ernte sind tragende Zweige herauszuschneiden und die Beeren können dann „bequem" von der Ehefrau gepflückt werden. Von den unzähligen neuen Trieben sind beim Ausschneiden des Strauches immer ein paar kräftige stehen zu lassen.

Johannisbeeren vom Stiel abstreifen: Wann haben Sie das das letzte Mal gemacht? Stachelbeeren von Stiel und Blüte befreien, eine Arbeit, die kein Nachdenken erfordert. Auf keinen Fall alles gleich zu Marmelade verarbeiten. Die Beeren einfrieren und Marmelade je nach Bedarf kochen. Sie schmeckt dann stets erntefrisch.

Eingedenk der Leiden, die mir bei der Stachelbeerernte und dem Schneiden dieser Sträucher zu teil werden, haben meine Brombeeren keine Stacheln. Sie werden dann reif, wenn ich in den Bergen bin.

Einen Strauch Josta kann man auch haben. Die Beeren werden etwas später reif als Johannis- und Stachelbeeren, und so kann man dann noch immer eine Frucht direkt vom Strauch essen. Ein größerer Anteil in der Marmelade schmeckt gleich etwas unangenehm vor.

Bleiben noch die Schwarzen. Da habe ich noch nicht die richtige Sorte gefunden. Meine drei Sträucher kümmern so vor sich hin. Große Ernte gibt es nicht. Es wird lediglich jedes Jahr beim Kosten vom Strauch die Geschmackserinnerung aufgefrischt.

"Heidelbeeren", hatte mir mein Campingnachbar erzählt, „habe ich so reichlich, dass ich kaum weiß wohin damit." So habe ich dann aus den Niederlanden auch Heidelbeersträucher eingeführt. Ein paar Jahre kümmerten sie so vor sich hin, bis ich dann die Staudenreste entfernte. Mein trockener Sandboden hat sie wohl getötet. Immer feuchter, saurer Waldboden wären ihnen wohl besser bekommen.

So habe ich dann auch einmal im Berner Oberland nach einer über den Zaun wachsenden Johannisbeere gegriffen. Die Gärtnerin hatte ich nicht gesehen, sonst hätte ich sogar gefragt, ob diese Beeren Allgemeingut sind. Am liebsten hätte ich mich unsichtbar gemacht, so ging sie in Berndeutsch auf mich los. Sind meine Kirschen hier an der Bergstraße reif und Wanderer bewundern sie vor meiner Gartentür, werden sie eingeladen, welche zu pflücken.

Forsythien, Pfeifenstrauch, Flieder und andere wachsen und wachsen. Oben und unten sind dünne und dicke Zweige zu entfernen, jedes Jahr. Den Haselnussstrauch habe ich wohl dem Eichhörnchen zu verdanken, das in meinem Garten auch die Walnüsse vergräbt. Keine Nuss, die Sie bei der Bodenbearbeitung zu Tage fördern, ist taub. Säubern und verzehren schafft Kraft für weiteres Schaffen. Nüsse, die Sie nicht ausgegraben haben und auch das Eichhörnchen nicht brauchte, weil vielleicht der Winter mild und kurz war, zeigen sich dann selbständig. Immer wieder wollen Nussbäume in meinem Garten wachsen. Sofern Sie ein Naturfreund sind, lassen Sie hin und wieder einen stehen. Spätere Generationen von Eichhörnchen werden sich Ihrer dann wohlwollend erinnern. Doch ihr Garten sollte sehr groß sein, Walnussbäume werden riesig.

Ein paar Sträucher Lavendel können dann noch sein. Einmal im Herbst, ziemlich gebückt, ein wenig kürzen, ist schon alles. Dann blühen sie im nächsten Jahr neu.

Die Johannisbeeren, wachsen sie nun am Busch oder am Strauch?

Wikipedia hilft! Zitat: „Als Strauch (auch Busch oder kleines Gehölz) wird eine Wuchsform von Pflanzen bezeichnet." Hier darf ich daran erinnern: Bezeichnen Sie Abgeschriebenes stets eindeutig als Zitiertes! Da sollen sich schon Minister vertan haben. Warum hat der nicht gleich die Wahrheit gesagt? Dann könnte er vielleicht heute noch Minister sein.

Die Erklärung für Strauch habe ich gelesen. Danach ist Busch gleich Strauch. Das Wort Himbeerbusch ist mir nicht geläufig, Himbeersträucher dagegen schon. Die Wörter Gebüsch und Gesträuch haben nach meinen Vorstellungen unterschiedliche Bedeutungen. Während das Gesträuch noch etwa Überschaubares ist, hat das Gebüsch schon einen ziemlich zugewachsenen Charakter.

Schneiden Sie ihre Himbeeren, ziehen Sie Handschuhe an! Sie haben schöne feine Stacheln. Dazu eine kleine Ermahnung: Sorgen Sie stets für ausreichenden Tetanusimpfschutz. Vieles im Garten ist darauf aus, den Gärtner ein wenig zu pieksen.

Schneiden Sie ihre Himbeeren nicht regelmäßig, wird aus dem Gesträuch ein Gestrüpp.

Johannisbeeren und Himbeeren ergeben einen köstlichen Gelee.

Bild 22: Fruchtige Himbeeren

Aufräumen, Abräumen

Viel, sehr viel bringt ein Garten hervor. Zu seinem Glück muss der Gärtner nicht alles verzehren was da so wächst. Es sind regelrecht Mengen. Der Rasenschnitt kann zum Abdecken von Tomaten- und Krautbeeten dienen. Für Salat ist er nicht zu empfehlen. Als der Nachbar alles Gras auf einen Haufen schüttete und meinte: „Das ist nächstes Jahr Kompost", konnte er mir im nächsten Jahr bestätigen: „Sie hatten recht, das ganze Gras ist noch da." Die Schippe Erde hat gefehlt!

Nicht nur Gemüse und Blumen beherbergen viele Gärten, sondern auch Mengen von Unrat. Alles was die Zivilisation hervorbringt, ist da zu finden. Alles was in den Weltmeeren schwimmt, ich meine hier nicht die Fische, liegt auch in zahllosen Gärten herum.

Die Kinderschaukel wird solide gebaut, ein Trampolin aufgestellt, usw. Einmal wird es genutzt und dann steht es bis es verrottet im Garten. Ein gemauerter Grill muss her? Denken Sie an das Übergewicht. Ein Teich? Sozusagen auf unserem Sandhügel musste der Nachbar einen Teich anlegen. Wasser in Kanistern heranschaffen? Welch ein Unfug. Ich hatte dann den Schrecken: Auf eine Riesenkröte hätte ich fast getreten. Sie saß in meinem Bohnenbeet und genoss dort den Schatten. Angefaulte Paletten sind Sondermüll. Richtig teuer, sie zu entsorgen. Kurz, sammeln Sie nichts im Garten. Immer gleich weg mit Sachen, die nicht mehr gebraucht werden.

Der Schnitt von Sträuchern kann, als letzte Arbeit nachmittags, zerhackt werden und die Mulchdecke auf den Tomaten verstärken. Dieses dünne Holz zersetzt sich im Laufe des Jahres. Ungern gebe ich zu, dass ich jetzt bei dieser leichten Hackarbeit die linke Hand durch einen Handschuh schütze. Als größerer Bub` habe ich das gesamte Brennholz für den Winter hinten im Hof mit Axt und Beil gespalten. In der Zeit wurde nur mit Holz geheizt.

Küchenabfälle vom Kraut, Kartoffelschalen, Bananenschalen und ähnliches „verträgt" der Komposthaufen im Garten. Von zuviel Apfelsinenschalen oder ähnlichem Material wird abgeraten. Sie sollen mitunter arg mit Chemierückständen belastet sein. Keine Speisereste! Nicht einmal gekochte Kartoffeln! Die Ratten sind sofort da!

Ursprünglich war ich darauf programmiert, alles was an Wildkräutern aus den Beeten zu entfernen war, ganz nach hinten im Garten auf den Komposthaufen zu schleppen. Leicht erkennbar, der Kompost war wieder zurückzuschleppen. So bin ich über meinen Schatten gesprungen – mein Schatten: „Herr Guth, Sie haben einen Fehler", musste ich schon hören, „Sie sind zu ordentlich." – an Ort und Stelle verbleibt das überflüssige Grünzeug. Mit etwas Kalkstickstoff oder Schnellkomposter und etwas Erde kann es nach einem Jahr als neue Erde an Ort und Stelle gleich eingearbeitet werden.

Dünger, habe ich da überhaupt irgendwo etwas über Düngen geschrieben? Mineralischer Dünger ist in einem Hobbygarten fast zu vernachlässigen. Stimmt diese Behauptung noch, wenn ich gestehe, dass ich da jeweils 50 Kilogramm Kalkammonsalpeter beschaffe? Allerdings frühestens alle vier Jahre. „Da düngen sie aber arg einseitig", hatte mich seinerzeit noch ein Raiffeisenmitarbeiter gerügt. Rasen, Salat, Spinat, Tomaten, die Blumen, all das wächst mit nur ein wenig Kalkammonsalpeter versehen. Ob dabei zu beachten ist, dass Himbeeren kalkfliehend sind, und somit eher Blaukorndüngung zu bevorzugen ist, sollten Sie von einem Experten klären lassen.

Kalkammonsalpeter gab es schon in der Bauernscheune, als ich noch ein Bub war. Kalkammonsalpeter gab es noch nach mehr als 50 Jahren bei Raiffeisen. Dann war er aus den Regalen verschwunden. Gleich den Raiffeisenmitarbeiter in der Filiale nach dem Verbleib gefragt, brachte kein Ergebnis: „Das haben wir nicht im Sortiment", war die kurze Antwort. Viele wirkungsvolle Pflanzenschutzmittel werden dem einfachen Nutzgartenliebhaber nicht mehr in die Hände gegeben. Sollte dies jetzt auch mit Kalkammonsalpeter der Fall sein? Ich musste tatsächlich an die Zentrale schreiben, um herauszufinden, wohin der Kalkammonsalpeter verschwunden war: „Das gibt es jetzt bei Raiffeisen Agrar."

Ob Kalkammonsalpeter für den Hobbygärtner nun kein brauchbarer Dünger mehr ist oder ob es an dieser Verbindung Salpeter und Sprengstoff oder einfach nur die Tatsache, dass sich alles einmal ändert, für das Verschwinden aus den Raiffeisenmärkten die Erklärung ist, habe ich noch nicht herausgefunden.

Bei Agrar wurde dann der Ausweis gefordert und der Hobbygärtner darauf hingewiesen, dass nur mit einem entsprechenden Lehrgang über den Umgang mit solchen Mitteln dieser Dünger zum Verkauf steht. Ja, und dann sind mir da irgendwo doch noch 50 Kilogramm

Kalkammonsalpeter verkauft worden. „Hoffentlich komme ich da nicht ins Gefängnis", meinte die Frau Verkäuferin. Sie war noch ganz ansehnlich, und so habe ich gleich zugesagt, dass ich dann natürlich mitkommen würde. Schweres Gärtnerleben.

Wollen Sie sich diesen Unbilden nicht aussetzen, düngen Sie mit dem bewährten Blaukorn. Vor allem dort und sehr sparsam, wo ein wenig Ertrag sein soll, z.B. die Kartoffeln. Obststräucher und Dahlien sollten auch ein paar Körner abbekommen. Viel wichtiger und wirkungsvoller ist einfach der Fruchtwechsel. Nur alle drei, besser alle vier Jahre Kartoffeln auf denselben Platz. Sollte es dann noch der Petrus gut mit dem Gärtner meinen und Regen und Sonne im Wechsel schicken, wächst im Hobbygarten alles prächtig.

Wenn Ihnen der Garten wirklich einmal über den Kopf wachsen will, erinnere ich daran, dass einmal ein Garten zu den sieben Weltwundern zählte. Da bereits dies umstritten ist, will ich auch nicht noch weiter darauf eingehen.

Umgraben zur Wissenschaft zu machen, lohnt nicht. Zwei Spaten tief umgraben, habe ich schon gelesen. Demgegenüber steht, wie wenig manche Pflanzen von der Bodendecke überhaupt nutzen. Eine andere Theorie besagt, auf keinen Fall die Humusschicht untergraben: Also nur den Boden aufhacken. Spaten, Gabel oder kräftige Hacke sollten je nach Bodenbeschaffenheit verwendet werden. Der Zeitpunkt wird von dem, was da wuchs, und dem Wetter bestimmt. In dem Bauerndorf mit zähem Lehmboden wurde stets viel „kurzer" Mist mit eingegraben. Kurzer Mist bedeutete schon gut verrotteter Mist. Im Garten wird jetzt das mit untergegraben, was da so verfügbar ist, und auch leicht verrottet. Rasenschnitt, Salatreste, das Kraut von Dahlien und Borasche. Das vom Rasenmäher gehäckselte Laub nehmen die Bodenlebewesen gern entgegen. Alles nicht einfach zuschütten. Den Spaten etwas schräg ansetzen und den Abfall so einmischen, dass da auch noch etwas Luft drankommt. Von Kartoffel- und Tomatenkraut wird abgeraten. Da sollen die Pilze für die Krautfäule dann gleich mit überwintern.

„Das vom Rasenmäher gehäckselte Laub", habe ich geschrieben. Zuerst ist er erst einmal in Gang zu bringen! An diesen Herstellern von Benzinrasenmähern ist der Fortschritt vorbeigegangen. Selbst jetzt ist das fast neueste Modell nur schwer in Gang zu setzen. Bei dieser Maschine ist es wahrscheinlich diese Minidruckpumpe, die das Benzin nicht in den Verbrennungsraum bringen kann. Zehnmal pumpen und dann ziehen und ziehen, besser reißen und reißen. Wieder pumpen, wieder reißen. Dann läuft das Gerät! Ist der Motor warm, springt er stets beim ersten Zug an. So ist unschwer zu erkennen, warum die Nachbargärtnerinnen trotz Gleichberechtigung, nur mit teuren, akkubetriebenen Geräten dem Gras zu Leibe rücken.

Wird ein Beet nach der Kartoffelernte im September umgegraben ist sicher, dass es im nächsten Jahr bereits im März mit einer kräftigen verfilzten Unkrautschicht bedeckt ist. Um zumindest ein oder zwei Beete gleich ohne erneuten großen Arbeitsaufwand verfügbar zu haben, kann ein Beet im Herbst mit Schwarzfolie überzogen werden. Sie haben dann im Frühjahr darunter unkrautfreie, feinkrümelige Erde.

Verwahrlosung gleich nebenan und auf vielen weiteren Grundstücken.
Und keiner kümmert sich darum.

Bild 23: Unrat am Schmellenberg am Rande des Odenwaldes

Wasser

Nach fünf Tagen Regen wird ganz schnell im Garten alles wieder grün. Nach drei Wochen Sommerurlaub ist Land unter. Alles wirkt verwildert. Nach fünf Wochen Südtirol im September, Oktober, können sie bis zum Einbruch des Winters jeden Tag draußen im Garten verbringen. Ohne nachzudenken! Da wo sie stehen, ist etwas zu machen!

Am Hohen Meißner war nach dem ersten Regen Mitte Oktober in den Gärten nichts mehr zu machen. Der schwere Lehmboden wurde nicht mehr trocken. Im Dezember an einem Garten kurz vor Heidelberg war angeschrieben, dass es das Jahr zuvor da 18 Grad gehabt hätte. Die milden trockenen Tage im Dezember hier an der Bergstraße lassen mich so das nachholen, was ich im Oktober versäumt habe.

Das Wasserfass unter der Dachrinne war voll. Wie war nun das Wasser in das daneben stehende Fass zu bekommen? Der Ingenieur, der sich selbstverständlich aus meinem Wasserfass bediente, meinte, als Gegenleistung bringe ich etwas Rohr und Verschraubungen mit, dann können wir die Fässer unten verbinden.

Mir fiel ein, dass wir als Buben einmal einen Staudamm gebaut hatten und mittels einem kleinen Stück Schlauch Wasser **über** die Staumauer laufen lassen konnten. Ob das nach Jahren auch noch funktionierte? Wasser ohne Pumpe bergauf? Gut zwei Meter Schlauch werden in das volle Wasserfass getaucht, um ihn mit Wasser zu füllen. Ein Öffnung zuhalten und damit hinüber und hinunter in das andere Fass. Schon läuft das Wasser. Das Gewicht des Wassers im Schlauch zieht Wasser nach bis Gleichstand erreicht ist. Ich denke, die Römer haben das schon ähnlich gemacht, um Wasser ohne Brücke von einer Bergseite auf die andere zu bekommen. Nur halt dabei den umgekehrten Effekt genutzt, das in einer Rohrleitung hinunter fließende Wasser hat es drüben wieder hochgedrückt.

Der Garten in Kassel hatte eine Wasserpumpe. Welch ein Luxus. Einen neuen Garten ohne Wasser konnte ich mir kaum vorstellen. Doch man kommt zurecht. Im Dezember sind die Wasserfässer und der größere Wassertank zu leeren, damit sie nicht auffrieren. Zeitig sind schon Ende Februar die Dachrinnen wieder über die Fässer zu drehen, denn mitunter ist auch der März schon trocken. Dann stehen

Sie da ohne viel Wasser. Sollten einmal die Larven der Stechmücken das Fass bevölkern, schaffen ein paar Tropfen eines Spülmittels Abhilfe.

Wasser sparen gilt aber von Anfang an im Gartenjahr. Wer weiß, was kommt? Als es da fünf Wochen trocken war, und die Fernsehansagerin mit traurig klingender Stimme sagte: „Und morgen gibt es leider Regen", stieg dann doch mein Blutdruck. „Wasser ist Leben", steht oben am Waalerhäuschen in Südtirol, das der Messner hat errichten lassen. „SPARE WATER" stand 1957 schon oder noch im Duschraum in der Kaserne in Gießen. Das war für uns Deutsche seinerzeit ziemlich unverständlich. Obwohl, obwohl, ich es eigentlich hätte besser wissen müssen. An heißen trockenen Sommertagen gab es in den Gehöften oben im Dorf bereits zeitweise kein Wasser mehr. So ging der Ortsdiener mit der Schelle durch das Dorf und hat besonders die Bürger im Unterdorf aufgefordert, Wasser zu sparen.

Im Garten ohne Wasseranschluss gilt es, alle Mittel einzusetzen, die Wasser sparen helfen. Mulchen (Rasenschnitt), Schlitzfolie, schwarze Folie, mit allem hat sich der Gärtner auseinanderzusetzen. Für die nicht so anspruchsvollen Tomatensorten reicht fast ein Liter Wasser alle drei Tage, wenn sie unter schwarzer Folie wachsen. Schnell wachsende Gemüsesorten, Radieschen, Kohlrabi, Gurken und Zucchini brauchen, wenn sie was werden sollen, ständig Wasser.

Vom Garten zu den Hundertfünfundsiebzigern? Geht auch! Dass der Mensch Wasser und Schlaf braucht, wurde bei der Truppe nur ganz langsam erkannt. Zuerst wurden die Männer mit einer Wolldecke mit Reißverschluss ausgestattet. Völlig unzulänglich zum Ruhen nachts unter freiem Himmel. Viel länger hat es gedauert, bis ich meinen Funktrupps, die tagelang im Wald standen, auch Wasserkanister mitgeben konnte. Die Ersten hatte der gute Versorgungsunteroffizier noch organisiert. Nach acht Tagen brütender Sommerhitze, bei Übungen stets mit dem damaligen Kampfanzug bekleidet, kratzendes, schweres Tuchzeug, lehnte der Kommandeur den Vorschlag des Logistikers, die Männer abwechselnd zum Duschen in die nächste Kaserne zu fahren, glatt ab. Der gute Hauptmann hat es dann trotzdem einfach organisiert.

So ein junger wehrpflichtiger Leutnant, mitunter mehr Ballast, ist hin und wieder auch zu etwas nutze. Am fünften Übungstag kam er und sagte: „Ich habe da drüben im Wald einen Ziegensack mit Wasser aufgehängt. Wir können da duschen." Da hat unser derzeitiger Vorgesetzter gleich sehr befremdlich geschaut. So beeilte sich der Herr Leutnant auch schnell: „Nacheinander, nacheinander", hinzuzufügen. Und so bin ich bei den Hundertfünfundsiebzigern (Doch kann überhaupt heute noch jemand etwas damit anfangen?). Das Artilleriebataillon, das nach den Spielregeln die Nummer 175 zu tragen hätte müssen, gibt, gab es tatsächlich nicht. Als Kalauer könnte ich hier hinzufügen, da waren die Verteidigungsminister empfindlich. Hat sich das Zweitausenddreizehn vielleicht geändert?

Ein 20 Liter Kanister mit Wasser und Hahn verhilft dem Gärtner dann auch problemlos zu sauberen Händen. Das kostbare Wasser wird aufgefangen und noch einmal genutzt. Und noch besser, ist kein Nachbar da, ist mein Garten so paradiesisch gelegen, dass nach getaner Arbeit hinter der Gartenhütte geduscht werden kann.

Den Waal habe ich oben schon erwähnt. Wollen Sie einmal an einer Bisse entlang wandern empfehle ich die Südrampe. Über dem Rhonetal an der Eisenbahnstrecke Bern – Lötschberg – Simplon führt von Hohten über Außerberg ein herrlicher Wanderweg bis nach Lalden. Die Suonen wäre weiter unten im Rhonetal zu suchen, so über Sitten (Sion) und Siders (Sierre).

Mit Sitten bin ich schnell wieder beim Garten oder besser noch, beim zweiten Frühling. Wer sehnt ihn nicht herbei? (Mit Achtzehn braucht man ihn noch nicht, aber mit Neunzehn kann es schon losgehen.) In den Bergen können Sie ihn haben. Ist der Flieder in der Rheinebene Anfang Juni verblüht, gibt es unten in Sion bereits Erdbeeren, will über Sion, oben in Nendaz, der Flieder gerade blühen. Unweit liegt noch Schnee. Das macht dann alles so einen arg friedlichen Eindruck. Die vielen toten Ferienhäuser in den Hängen des Rhonetals, gar Sion 2000 (Skigebiet) Ende Mai, zeigen dann doch, was die Menschen mit der Natur alles so anrichten.

Und noch ein Tipp: „Lassen Sie keinen Anderen an ihren kostbaren Wasservorrat!"

Zum Wasser noch etwas weiter zurück. 1955 wusste bei der Truppe noch keiner, dass man sich waschen sollte. Eine ganze Hundertschaft einfach draußen – im Sennelager bei Paderborn: „Gott erschuf es in seinem Zorn". Die Mittagsverpflegung wurde im Kochgeschirr empfangen. Wie das sauber machen? Mit Papier und dem Finger schön auswischen. Doch auch in dieser Ebene leichtes Gefälle, etwa 100 Meter weiter unten gab es einen Bach. Doch ein Bergbach und dieses langsam dahin sickernder Wasser sind zwei sehr verschiedene Dinge. Es ist zum Waschen nicht zu empfehlen. Weit schlimmer, an diesem Platz hatte vor uns schon eine andere Hundertschaft kampiert. Tretminen überall. Wir sind dann ein Stück weiter gezogen. Der Spatengang blieb.

So dauerte es nicht lange, bis der Hundertschaftsführer vorn stand und verkündete: Die Mannschaften haben Dünnschiss, die Unteroffiziere Durchfall und die Offiziere Diarrhö.

Kostbares Wasser!

Mit all diesen Erfahrungen habe ich meine Verwunderung dann ganz schnell zurückgeschraubt, als ich las, dass der Krankenstand der englischen Truppen in Afrika erheblich niedriger war als bei den Deutschen: bessere hygienische Vorsorge.

Trinken Sie kein Wasser, das eine Pumpe aus ihrem Garten fördert. Der Bericht eines Gärtners, der seine Wasserpumpe reparieren musste, lautete: „Wir habe das Wasser immer getrunken und hielten es für besonders sauber. Beim Ausgraben der Pumpe fanden wir ein Rattengerippe ganz unten drin."

Dabei waren es 30 Grad und ein wenig kühles Wasser in diesem Trog
wäre wunderbar gewesen.

Bild 24. Holztrog ohne Wasser im Trettachtal, Allgäu

Gelb

Da wollte ich der Nachbarin einen Ableger von einer den ganzen Sommer gelb blühenden Staude über den Zaun reichen und bekam gleich einen Korb: „Gelb mag ich nicht!" Das klang befremdlich. Da war ich fast beleidigt. Diese Staude steht an mehreren Stellen in meinem Garten, blüht sozusagen den ganzen Sommer und ist resistent gegen alle Arten von Tieren und Pilzen. Lediglich ein Gehilfe würde gebraucht, der die zahllosen verblühten Blüten immer wieder auszupft. Es sind sehr viele. Sonnenauge könnte der Name dieser Blume sein.

So lese ich nun auch in einem dieser mir seinerzeit geschenkten Gartenbüchern, Gartenbüchern ohne Bilder einfach im Schwarz-weiß-Druck, dass da gelbblühende Blumen verpönt sind: „Gelbblühende Blumen kommen nicht in meinen Garten." Ist nicht in der Heraldik Gelb gleich Gold?

Was blüht da nicht alles wunderschön gelb! Draußen, zeitig im Frühjahr die schönen Schlüsselblumen. Es gibt noch Stellen/Plätze, da sind sie sehr zahlreich zu finden. Auf einer Kuppe vor dem Hohen Meißner hatten sie sogar noch rote Punkte in den gelben Blüten: Teeschlüsselblumen, duftend. Die Kuppe wurde im Laufe der Jahre und mit ihr die Teeschlüsselblumen für den Straßenbau abgetragen.

Dann die Flühblume – so habe ich sie in der Schweiz kennengelernt. Ein klein wenig ähnlich der Schlüsselblume, doch mit ganz festen, fetten Blättern. Unter Felsenaurikel wird sie zu finden sein. Das besondere, wer sie in der Natur sehen will, muss ganz hinauf. Sie wächst fast ausschließlich nur ganz oben in den Bergen, da, wo es nur noch Steine gibt. Im Allgäu soll sie Bergbadenger heißen. Flühblume von Fluh – Wand.

Die Gemswurz kam im Garten plötzlich nach drei Jahren wieder. Gelb! In den Bergen blüht sie fast vor dem Gletschereis – gelb. Im Frühjahr fängt es an mit Tulpen und Narzissen. Die Appeldorn ist wohl rot, doch die Osterglocken sind meist gelb. Und sie vermehren sich erfreulicher Weise im Laufe der Jahre. Die Tulpen dagegen bauen ab. Selbst im Drahtkorb 100 cm x 100 cm werden es von Jahr zu Jahr weniger. So habe ich dann in 50 neue Zwiebeln investiert. Als Schutz vor den Wühlmäusen alle in Draht oder durchlöcherte Eimer gesetzt.

Der kräftige Feldhase hat ein Loch im Zaun gefunden und 49 abgefressen. Wollen Sie noch immer Gärtner werden?

Daran, ob es in den Bauerngärten am Hohen Meißner Blumen gab, kann ich mich nicht erinnern. Vielleicht ein paar Ringelblumen? Oder hier und da eine Pfingstrose? Wenn es einen Geburtstag gab, war es eine Ausnahme, dass jemand einen bescheidenen Blumenstrauß mitbrachte. Sicher war das dann im Mai, wenn die Wiesen noch etwas hergaben: Margeriten, Vergissmeinnicht, Aschenblumen oder Hahnenfuß. Eine Trollblume aus einem kleinen Sumpfgebiet war schon fast eine Sensation. Im Allgäu sind Ende Mai, Anfang Juni heute Butterkugeln noch in großer Zahl zu finden. Gelb! Die Sumpfdotterblume blüht richtiggehend fett: gelb, dottergelb.

Woher die Abneigung gegen gelbe Blumen? Vielleicht weil den Farben Eigenschaften zugeordnet sind? Gelb ist die Falschheit oder der Neid. Das tiefe Blau der Enziane in den Bergen kann natürlich mit dem Gelb der Flühblume fast konkurrieren. Das Edelweiß gibt eigentlich nicht viel her. Die Blüte ist ziemlich bescheiden. Na gut, ein wenig leuchtet es schon auf der Wiese gleich hinter dem Schilthorn, wo die Kühe grasen.

Die weitere Nachbarin sagte: „Einen schönen Garten haben Sie, da blüht immer was." Das hat mir seinerzeit eigentlich nichts gesagt, das war halt so, nicht bemerkenswert. Sofern Sie immer im Garten werkeln, ergibt sich das von selbst. Sind die Dahlien eingegraben, kommen bald die Phloxe. Sie blühen in den Gärten im Berner Oberland üppig, weil es im Sommer da hin und wieder (wie in Innsbruck) ergiebig regnet. Auf meinem Sandboden hier in der Rheinebene haben sie in trockenen Sommern Mühe, am Leben zu bleiben.

Den Sonnenhut habe ich aus dem Berner Oberland eingeführt. Ein großer Garten vor einem Chalet beherbergte fast nur den Sonnenhut oder die Rudbeckia. Ich bekam ein paar Pflanzen ab und hatte viele Jahre den Sonnenhut, gelbblühend, in meinem Garten. Der Pilz hat ihn dann wohl geholt. Die kleinere „Ausfertigung" des Sonnenhutes hält sich in meinem Garten. Doch wenn er auch im Sommer blühen soll, braucht er regelmäßig Wasser. Einmal nicht gelb: Malven. Fast nur grün, die Blüte unscheinbar. Doch im gemischten Blumenstrauß sehr dekorativ. Leider jetzt auch verschwunden.

Es „überleben" im Garten nur die Pflanzen, die der Gärtner in Pflege behält. Die Dahlien, meine Dahlien, blühen ab Anfang Juli den ganzen Sommer. Es ist auch eine gelbe Pompon dabei, die braucht es einfach für einen schönen Blumenstrauß, doch hier überwiegt rot. Lilafarbene gehören auch dazu. Komme ich im Herbst Ende Oktober aus Südtirol zurück, sind sie oft bereits heruntergefroren und es ist nicht zu erkennen, welche das einmal waren. So gilt es auch hier das Gedächtnis zu strapazieren: Wo standen welche? Damit sie beschildert werden können, damit es im nächsten Jahr kein buntes Durcheinander gibt. Zuvor sind sie abzuschneiden und auszugraben. Die Knollen haben sich oft gut vermehrt. Sie sind sehr widerstandsfähig und können problemlos im meist zu warmen Keller, trocken und frostfrei aufbewahrt werden. Eine Knolle, die im Frühjahr gesetzt werden soll, muss einen Stil haben. Sie kann ruhig restlos vertrocknet sein. Doch ohne Stil keine neue Dahlie.

Die Akelei sät sich selbst aus. Sie darf bei mir auch im Gemüsebeet stehen bleiben. Den Rittersporn haben die Wühlmäuse geholt.

Ergänzend zu den vielen Dahlien gibt es die Sonnenblume. Sie säen sich auch oft von selbst aus. Kommen sie an Stellen, an denen sie unerwünscht sind, werden sie verpflanzt. Die großen Sonnenblumen sind derart hungrig, dass sie Ihren humosen Gartenboden zu Sand machen! Ende Oktober sind dann dicke, holzartige Stiele mit dem Beil zu zerhacken. Ein richtiges Stück Arbeit.

Aus unserem Wohnzimmerfenster waren fast jedes Jahr Sonnenblumenfelder zu bewundern. Vorwiegend gelb anzusehen. Jetzt sind sie auch verschwunden. Haben sie dem Raps Platz gemacht? Wer hat einmal die quittegelben Rapsfelder von oben bewundert? Welch leuchtendes Gelb!

Blau blühend im Garten sind lediglich Veilchen und Vergissmeinnicht. Sie können mit Dahlien, Sonnenhut und Sonnenblumen wegen ihres niedrigen Wuchses nicht konkurrieren. Die Veilchen kommen ganz früh im Jahr, wild. Es sind nur „Hundsveilchen", sie sind geruchlos. So war die Ehefrau, die nur die stark duftenden, die zuhause am Mühlbach wuchsen, kannte, sehr enttäuscht von meinen Veilchen. Das Vergissmeinnicht sät sich selbst aus und ist einmal da und dann wieder nicht.

Die Stockrose erscheint stets von selbst. Außer rosa hat sie mitunter fast schwarze Blüten. Die Weberkarde hat sicher auch unerlaubt meinen Gartenzaun überschritten. Ein paar Pflanzen, sehr dekorativ, dürfen jedes Jahr an von ihnen selbst ausgesuchten Plätzen in meinem Garten wachsen. Abräumen und zerschneiden dieser stacheligen Angelegenheit ist ziemlich zeitaufwendig.

Pfingstrosen sollten es noch sein. Ich habe sie bis heute nicht geschafft. Die Rosen selbst habe ich dem Herrn Adenauer überlassen.

Der Blumenschmuck an vielen Häusern in den Bergen, das konnte ich vor allem im Allgäu und im Berner Oberland bewundern, ist oft fast unglaublich. Da ist mitunter kaum erklärbar, wie diese Leute das zu Wege bringen. Das Anpflanzen, das Anbringen der vielen Kästen und dann die ständige Pflege, gießen und Blüten zupfen, erfordert täglichen Arbeitseinsatz. Selbst oben am Meraner Höhenweg ist schon die Blumenpracht an vielen Jausenstationen den Aufstieg und die Wanderung wert. Und damit nicht jedes Jahr Pflanzen in solchen großen Mengen gekauft werden müssen, sind nach dem ersten Frost diese Kästen auch noch fachgerecht im Winter aufzubewahren. In Sankt Peter-Ording waren ganze Blumengärten zu bewundern. Mit den strohgedeckten Häusern glichen sie fast einem Gemälde. Das jeweils alles in Ordnung zu halten erfordert schon ein besonderes Verhältnis zu den Pflanzen, eine Liebe zu den Blumen. Und da sind auch immer gelbe Blüten darunter!

Gehen Sie im November durch die Hauptstraße in Heidelberg wundert es Sie schon, sofern Sie aus Nordhessen kommen, da standen die Geranien noch blühend an den Fenstern! Kein Frost bis dahin!

Auch Zinnien gab es schon in meinem Garten. Sie hatten bemerkenswerte Farben. Die Marienglockenblumen hatten sich ein paar Jahre sogar selbst ausgesät. Doch der Mai, wenn Sie da auch noch auf den Grünten wollen, ist oft so schnell vorbei, das Sie erst im Juni merken, was vergessen worden ist. Auf Höhe des Grüntenhauses gibt es am Waldrand eine gelbe Besonderheit: Dort blüht der Fingerhut nicht rosafarben, sondern gelb.

Dann gibt es noch eine weitere gelbe Blume in meinem Garten. Die Blüte ist ähnlich der des Sonnenauges. Sie wird fast zwei Meter hoch, ist aber keine Staude, sondern vermehrt sich durch ein unterirdisches Wurzelwerk. Hat sie einmal einen Platz erobert, kommt sie dort Jahr für Jahr wieder.

Ebenfalls als Schmuck im Garten kann die Borasche stehen gelassen werden, eine kräftige grüne Pflanze mit kleinen blauen Blüten. Sie sät sich dann auch selbst wieder aus. Den roten Tomatensalat mit blauen Borretschblüten dekorieren? Das bleibt Ihnen überlassen. Und noch einmal gelb: die Goldrute. Die Goldrute kann das ganze Nachbarfeld beherrschen. Sie kämpfen dann jedes Jahr mit einem hartnäckigen Unkraut. Sie kommt überall. Das Wurzelwerk sitzt fest. Gegen hier und da eine einzelne Pflanze ist nichts einzuwenden. Sie kann einen Blumenstrauß aufpeppen.

Funkien! Es gibt sie tatsächlich! Doch habe ich sie noch nie bewusst in einem Garten gesehen. Vielleicht sollte ich einmal in einem Schlossgarten nachschauen. Wegen der schönen grünen Blätter und dem stolzen Wuchs habe ich, als der Tabak hier seinerzeit noch auf vielen Feldern angebaut wurde, dann auch ein paar Tabakpflanzen im Garten gehabt. Natürlich im Feld keine Gepflanzten ausgegraben, sondern am Feldrand waren mitunter überzählige Pflanzen eingeschlagen. Die sehr hellen grünen Blätter weisen darauf hin, dass diese Pflanze Licht braucht.

Gelb hat dann doch auch einen Nachteil. Der Fotoapparat wird nicht damit fertig, zumindest die Automatik nicht. Gleich, ob Gemswurz oder Felsenaurikel, die schönen gelben Blüten sind stets unscharf, verwaschen. Ein dunkler Hintergrund - Gras, Erde Felsen - führt zur Überbelichtung. Nachdem auch die Anzahl der Funktionen eines „einfachen" Fotoapparates völlig ausgeufert sind, ist kaum ein Gärtner in der Lage, die Belichtung ein wenig zurück zu drehen. Kann er es und hat die Brille nicht mit, steht er gleich wieder im Dunkeln. Die Bedienelemente haben eine Größe, als wären sie für die Hände, für die Finger eines Neugeborenen gemacht und sind dann noch beschriftet. So haben Sie mit diesem modernen Fotoapparat bereits eine Art Monster in den Händen.

Und noch etwas: Für Draußen scheint dieses Gerät nicht gemacht worden sein. Stehen Sie im März bei strahlendem Sonnenschein mit den Skiern auf der Kleinen Scheidegg über Grindelwald und wollen das Jungfraujoch fotografieren, ist das Display völlig blind. Wahrscheinlich verbringen diese Konstrukteure ihr Leben lediglich in einer Montagehalle. Mit so veralteter Technik wie einem optischen Sucher wollten Sie sich dann wohl nicht mehr abgeben.

Die Kehrseite: Für das, was dieser kleine Apparat heute wiegt und kann, hätten Sie noch vor wenigen Jahren kiloweise Fotoausrüstung mitschleppen müssen.

So ist auch der Schalter am Transformator des 17 Zoll-Laptops so klein, dass ich ihn nur mit spitzem Finger bedienen kann. Zum Erkennen der Kontrollleuchtdiode muss es dunkel sein und Sie brauchen trotzdem eine Brille.

Um alle diese Netzteile mit einem Schalterumlegen abzuschalten, hat der helle, fortschrittliche Operator längst alles an eine Steckerleiste angeschlossen. Doch auch damit wird der Bediener überlistet. Der Canondrucker ist auf jeden Fall am Gerät auszuschalten, sonst werden die „Tintenfässer" nicht richtig geschlossen! Sogar dann gibt es noch eine Steigerung: Beim ersten Druck auf „AUS" erscheint noch eine Anweisung in einem Minidisplay: So etwa wie: „ Drücken Sie noch einmal, dann geht's aus."

Eine weitere Variation bietet der Hauptschalter des Yamaha-Keyboards. Haben die Enkelkinder genug Lärm gemacht – auch sie wollen nur etwas lernen, wenn sie absolut müssen – drücken Sie auf den Hauptschalter. Nichts tut sich. So drücken Sie fest auf den Schalter, nichts tut sich. Dann wird halt ganz fest darauf gedrückt. Nichts! Der Schalter ist eine Sekunde gedrückt zu halten! Da fällt mir der Zauberlehrling ein: Der hatte ja schon mit einem einfachen Besen seine liebe Not. Hatte der nicht Wasser ohne Ende geholt, weil das Stoppkommando nicht mehr parat war?

Diese wilde, ausufernde Technik hat bereits auf das Auto übergegriffen. Bleibt das Auto an der stark befahrenen Kreuzung stehen, bleibt auch der Scheibenwischer stehen, bei strömendem Regen! Wer mag da noch Einhalt zu gebieten?

So tröstet sich der Gärtner mit einem Spruch von einem Kalenderblatt. Gleich auch passend zum Zeitgeschehen, dass auch an einem Gärtner nicht immer vorbeigeht.

Zitat vom Kalenderblatt vom 01. August 2017: "The world is run by monsters and you have to deal with them. Some of them run countries, some of them run banks, some of them run news corporations." Ken Livingstone, engl. Politiker

Die Welt wird von Ungeheuern regiert und man muss sich mit ihnen auseinandersetzen. Einige von ihnen leiten Länder, einige leiten Banken und einige Nachrichtenkonzerne.

Die Aufzählung des Herrn Livingstones ist bei weitem nicht vollständig.

Kommt da auch einmal jemand, um den schönen Garten zu bewundern? Kaum! Wer hat heute noch die Zeit dazu? Für Kinder höchstens bis zum zwölften Lebensjahr. Da war der Garten für sie fast so etwas wie ein Paradies. Den ganzen Tag draußen haben Sie die bravsten Kinder.

Sohn und Schwiegertochter mit Kindern kommen auch, wenn die Ehefrau zum Grillen lädt. Doch dann muss die Bratwurst schon gar sein und der Kartoffelsalat gerichtet. Jedes der Kinder hat Sonderwünsche und ist alles verzehrt, ist das eine schon wieder dahin und das andere dorthin zu fahren.

Ganz selten geht es anders. Ein befreundetes Ehepaar hatten wir als Gäste einmal im Garten. Gleich morgens um halbzehn waren sie da, bis nachmittags um fünf sind sie geblieben Es gab keine Musik im Garten, kein Bier und keinen Wein, ich meine, noch nicht einmal ein Grill war an. Das Grillen kam damals erst so auf. Als Sie sich überschwänglich, mehr als überschwänglich, dann für den schönen Tag im Garten bedankten, fühlte ich mich fast auf den Arm genommen. Doch Sie hatten es ehrlich gemeint. Es war tatsächlich ein Sommertag, wie man ihn sich wünscht. Keine drückende Schwüle, keine Affenhitze oder gar drohender Regen. Einfach ein Draußentag wie im Bilderbuch mit frischem Grün und milder Wärme. Ein Tag mit himmlischem Frieden.

Noch zur „Gelbfotografie": Ein scharfes Foto von der Gemswurz bekommen Sie, wenn Sie sie vor dem Gletschereis des Sustengletschers fotografieren. Allerdings sind da zweieinhalb Stunden Aufstieg auf schwach markiertem Bergweg erforderlich. Leider ist das Foto auf meinem elektronischem Lesegerät nicht darzustellen, weil da, wohl vorerst, nur schwarz-weiß geht.

In der Bibel wird der Garten als Ausgangspunkt für den Sündenfall genommen. Ob das richtig ist? Nun, es gab da immerhin noch keine anderen Menschen und auch keine weiteren Orte.

Doch zurück zu den Blumen. In dem kleinen Meißnerdorf gab es sogar im Winter Blumen. Die Blumen im Winter waren nicht gelb. Sie wuchsen an den kleinen Scheiben der Schlafzimmerfenster langsam und stetig in vielen geschwungenen Formen. Bei einer längeren Frostperiode hatten sie einer dicken Rauhreifschicht zu weichen. Sonnentage Ende Februar oder Anfang März ließen dann das Eis an unseren Schlafzimmerfenstern langsam schmelzen.

Dann gibt es noch eine Ergänzung zur Farbe Gelb. Das Abreißblatt auf dem Langenscheidt-Kalender sagt: „Don´t be yellow!" – Sei kein Feigling. Die Engländer verbinden demnach Gelb mit Feigheit.

Wasservorrat! Für den Garten leider nicht zu haben.

Bild 25: Vor dem Rhonegletscher, Schweiz

Warten

Neben den Erinnerungen an die von den Bauersfrauen bearbeiteten Hausgärten, die jetzt fast überall zu eintönigen Rasenflächen geworden sind, bleiben auch die Erinnerungen an Radio Norddeich und Scheveningen Radio, beide seinerzeit für den Küstenfunk tätig, gibt es auch noch die Erinnerung an Radio Tass (russische Nachrichtenagentur). Daran konnte sich der wireless-operator üben. Hier wurden auf Kurzwelle die Nachrichten im Morsealphabet gesendet. Tempo 120, 120 Buchstaben pro Minute, im englischen Klartext. Bei guter Konzentration bin ich da höchsten drei Minuten mitgekommen. Und noch heute frage ich mich, ob es da Leute gab, die diese Nachrichten einfach so mitschreiben konnten.

Die Tomaten auf der Fensterbank, jetzt Anfang März, wachsen da einfach beschaulicher. Ein paar Tage ist der Gärtner, wenn er die eigenen Samenkörner da im Blumenkasten versenkt hat, auch noch nach Jahren unsicher, ob da wirklich wieder etwas kommt. Sobald es draußen gute zehn Grad hat, müssen sie `raus. **Nur** Wärme bekommt, wie auch den Menschen, ihnen nicht. Es gibt dann lange Umfallpflanzen. Die früh gesäten Tomaten bekommen dann auch früher Früchte. Und wie schon angesprochen, hier in der Rheinebene können Sie Anfang Mai hinaus ins Freie. In Nordhessen war stets der 15. Mai abzuwarten und dann vorsichtshalber der Wetterbericht noch zu studieren. Der Paprika ist sogar schon 15 Zentimeter hoch. Diesmal sollen es kleine Schoten werden und vor allem mild im Geschmack. Für die Pfefferigen muss man etwas übrig haben. Eine halbe Schote an die Zwiebeln für den Kartoffelstock hat schon kräftige Wirkung. Und Vorsicht, mit den Fingern nicht an Augen und Nase. Schnell brennt es heftig. Dann habe ich noch bei der Ehefrau die Genehmigung einzuholen, ein kleines Stück von der Wohnzimmerfensterbank vorübergehend für meine Pflanzen zu nutzen. Während die Tomaten auf jeden Fall hinaus müssen, wachsen die Paprika auch gut auf der Fensterbank. Sie gedeihen auch hinter Glas. Über das derzeitige Parteiengeschwätz zur Koalitionsbildung hinaus, man meint ja fast, es handelt sich da bloß noch um Querulanten, habe ich dann doch noch Nützliches für den Gärtner aus dem Rundfunk erfahren. Die Anzuchterde soll möglichst mager sein, damit die Pflanzen gute Wurzeln bilden.

Das Pflanzenangebot in den Gartenmärkten ist groß. Wer sich die Mühe der eigenen Anzucht nicht machen will, bekommt heutzutage alles, was dem Gärtner Freude macht. Seinerzeit auf dem Dorf kam mit diesen Sachen noch ein Händler angefahren. Die Auswahl war begrenzt und die Pflanzen richtig teuer. Es konnte nur das erstanden werden, Kraut und Salat, was wirklich im Sommer für die Küche gebraucht wurde.

Ja, meiner Frau Lektorin, sehr jung an Jahren, habe ich es freigestellt, ihre Gartenbeobachtungen auch hier mit einzubringen. Balkonerfahrungen sind immerhin vorhanden. Der Balkon fordert bereits! Ein einziger Blumenkasten verlangt schon immerwährende Aufmerksamkeit. Gießen! Bei Sonne öfter gießen, ein paar Tage nicht da, jemanden zum Gießen finden, Kästen so anbringen, dass sie bei Regen nicht volllaufen. Blüten zupfen und drauf achten, dass nichts nach unten fällt. Hin und wieder ein wenig düngen.

Wer daran denkt, sich einmal ein Tier anzuschaffen, sollte vielleicht erst einmal einen Sommer Balkonpflanzen pflegen. Dann weiß er, ob er bereit ist, sich ständig um etwas zu kümmern. Eine halbe Stunde waren wir in Kandersteg bereits aufgestiegen, da war die Katze unseres Mitwanderers hinter uns. „Jag sie schnell zurück", habe ich gerufen, „die kann nicht mit." „Die findet nicht zurück. Die muss ich erst hinunterbringen!" Bei einem geplanten Aufstieg von Dreieinhalbstunden gibt das eine Stunde zusätzlich!

Und mit der Lektorin war mir gleich noch die Lektorin vom Herrn Suter aufgefallen. Eben einfach ein Bericht über den Autor Martin Suter, in dem auch seine Lektorin zu Wort kam. Eingedenk meiner Erfahrungen, Erkenntnisse über den Umgang der Schweizer mit der deutschen Sprache in Rundfunk und Fernsehen und dem Auftritt der Suterlektorin wünsche ich mir, dass meine Lektorin sich zum gleichen Format aufschwingt. Die Suterlektorin wird schon guten Anteil an den Suterbüchern haben. Ob die Suterbücher auch in Bärndütsch gedruckt werden? Personen, die in der Schweiz im öffentlichen Leben stehen, bringen es oft nicht fertig, sich schriftdeutsch auszudrücken. Zumindest die Nachrichten gab es aber abends verständlich. Doch dann der Wetterbericht, kaum zu glauben, das einzige was doch für den Touristen wichtig war, das hat dann die Bähler (Meteorologin) in Bärndütsch da runtergerattert. Wir verstehen die auch nicht, haben unsere Schweizer Bekannten, die da aus der Gegend von Schaffhausen kamen, gesagt. Das Wechselgeld an der Seilbahn fast oben am Berninapass bekommen Sie dann auch in Schweizer Franken zurück. Diese Schweizer tun halt alles, um auch noch den letzten Touristen zu vergrämen. Noch zur Erinnerung, der andere Sutter, von dem man wie auch vom Ribeckschen Birnbaum schon einmal gehört haben könnte, schreibt sich vermutlich mit zwei T.

Auf diesem kleinen Meißnerdorf groß geworden, habe ich mir selbstverständlich diesen Dialekt, dass Platt, perfekt angeeignet, fast. Eine kleine Kasseläner Färbung ist geblieben. Die Bauersfrau, unsere Vermieterin hat mit uns Zugereisten stets einwandfrei hochdeutsch gesprochen. Bei meinen kleinen Spracheigenheiten im Dialekt hat sie dann ein von mir nicht perfekt in platt ausgesprochenes Wort mehrfach wiederholt und spöttisch gelächelt. Ob sie je einmal bis in die Kreisstadt, bis nach Eschwege gekommen ist? Doch nach Kassel ist sie dann einmal zur Beerdigung meiner Mutter gereist. Da hätte sie doch besser einmal vorher hinfahren sollen. Immerhin, die Schwiegertochter pflegt jetzt noch ihren Garten mustergültig. Doch auch da hat der Fortschritt nicht halt gemacht, der Satz bleibt mir in Erinnerung: „Gerhard, auch wir kaufen unsere Milch jetzt in Tüten." Scheune und Ställe stehen leer.

Und da ich schon bei der Milch bin, fällt mir dazu noch das üppige Gras auf den Wiesen im Allgäu im Monat Mai ein. Dann stelle ich mir immer wieder die Frage, warum kann heutzutage aus dem Gras nicht direkt Milch gewonnen werden? Noch sind sie dabei, durch ein aufschraubbares Schaufenster in der lebenden Kuh die Arbeit in einem dieser Kuhmägen zu beobachten, dem Pansen. Noch ist die chemische Umwandlung nicht erforscht. Und sie meinen auch, der Kuh macht das nichts. Mit meiner Frage bin ich auf halbem Wege stehen geblieben. Butter und Käse wollen wir gleich haben. So sollte ich diese Frage besser an die Arla stellen. Diese Grossmolkerei hat sozusagen, sehr zum Unwillen der Allgäuer, gerade die Molkerei in Sonthofen aufgekauft. Nach dem Bericht des Enkelbuben sind ihre Produkte auch in Shanghai in der Kühltheke zu finden. Da könnten die Allgäuer doch stolz sein. Aber aus Gras gleich Butter? Da sind die Menschen in der Entwicklung, wie mit der Religion, noch ziemlich in der Steinzeit.

Und zurück zur Wartung und Pflege von Pflanzen und Tieren. Hühner gab es da noch in diesem ersten Garten in Kassel. 40 Minuten Weg war er entfernt. Jeden Tag dahin? Sie wurden schlicht und einfach mitunter vergessen. Sie waren einfach eingesperrt im Hühnerstall und warteten auf Wasser, Futter und Auslauf. Und dann wurde doch überlegt: „Müssen wir da heute noch hin oder hat es vielleicht Zeit bis morgen." Immerhin, wenn da erst einmal nachgedacht wurde, gab es den Entschluss, heute die Hühner wieder `rauzulassen. Zu Fuß musste man dahin! Kein Auto! Ich meine, ich denke, sie haben dann auch nie ein Auto bekommen, die Tante und der Onkel.

Und jetzt, während ich diese Zeilen schreibe, hat es draußen strengen Frost. Zwischen die Deckel meiner Miete im Garten habe ich vorsorglich ein paar Teppichreste eingefügt. Trotzdem bangt man und hofft, dass die guten Kartoffeln nicht doch noch etwas vom Frost abbekommen. Dann sind sie nämlich hin. Im Dezember und Januar wegen außergewöhnlich vielem Regen schon zur Untätigkeit verdammt, wartet der Gärtner nun darauf, bald wieder tätig werden zu können. Der Blick fast nur über den Gartenzaun zeigt aber schon den kommenden Frühling. Die Tulpen und die Osterglocken haben bereits ihr Grün aus der Erde gesteckt. Das Loch im Zaun, durch das letztes Jahr der Hase eingedrungen war und alles Tulpengrün abgefressen hat, habe ich versperrt. Hoffentlich findet er kein neues.

Zu Schneeglöckchen habe ich es leider noch immer nicht gebracht. Die Märzenbecher kann ich auch nur in anderen Gärten bewundern. Sie sind ziemlich selten zu finden. Doch die Winterlinge sind in den Weinbergen zu entdecken. Dazu die Männer und Frauen, meist sind es allerdings Männer, die die Weinstöcke schneiden. Was für eine Arbeit! In den großen Weinbergen ein einziger Mann, der sich da müht, Stunde um Stunde. Mehr als zehn Triebe pro Stock haben wir, die beste Ehefrau von allen und ich jetzt gezählt, sind abzuschneiden und aus den Spanndrähten herauszuziehen. Spreche ich einen Winzer an, ist er stets bereit, ein paar Worte zu wechseln. Frage ich ihn, ob da auch eine Flasche Wein mit dabei ist oder gar ein Schnaps, wird das stets verneint. Und dann frage ich auch, ob es noch immer keine Weinstöcke gibt, die nicht so arg wuchern, die nicht zu schneiden sind. Da hat die Gentechnik noch etwas zu leisten!

Märzwetter
In Adelboden liegt der meiste Schnee.

Bild 26a: Berner Oberland, Schweiz

Am Schmellenberg/Odenwald ist bereits der Salat gepflanzt.

Bild 26b: Narzissen, Badische Bergstraße

Da die Seitenzahl eines Buches durch vier teilbar sein soll, gibt es auf den beiden folgenden Seiten noch zwei Fotos.

Bild 27: Ein Apfelbaum, den der Gärtner vernachlässigt hat.

Bild 28: Ein Knollenblätterpilz, den der Wanderer an Ort und Stelle belassen sollte.